rowohlts monographien

HERAUSGEGEBEN

VON

KURT KUSENBERG

FRIEDRICH SCHLEGEL

IN
SELBSTZEUGNISSEN
UND
BILDDOKUMENTEN

DARGESTELLT
VON
ERNST BEHLER

ROWOHLT

Herausgeber: Kurt Kusenberg
Redaktion: Beate Möhring
Dieser Band wurde eigens für «rowohlts monographien» geschrieben
Umschlagentwurf Werner Rebhuhn
Vorderseite: Friedrich Schlegel in seinem letzten Lebensjahr.
Gemälde von Auguste v. Buttlar (Kloster Sankt Bonifaz, München)
Rückseite: Randbemerkung aus Schlegels handschriftlichen Äußerungen
mit der mathematischen Formel über «Das Ideal der Poesie»
(Westdeutsche Bibliothek, Marburg)

Veröffentlicht im November 1966

Gesetzt aus der Linotype-Aldus-Buchschrift
und der Palatino (D. Stempel AG)
Gesamtherstellung Clausen & Bosse, Leck/Schleswig
Printed in Germany

INHALT

Friedrich Schlegel. Gemälde von Franz Gareis.
Im Sommer 1798 in Dresden entstanden

HERKUNFT

Als Friedrich Schlegel im Sommer 1795 eine kritische Studie seines Bruders August Wilhelm zu lesen bekam, suchte er nach dem höchsten Lob, das er ihm spenden konnte. Indem er ihren Familiennamen mit dem griechischen Superlativ versah, rief er aus: *Laß Dich umarmen! Du bist ein Schlegel – Schlegeli*κωτατος.

Das stolze Familienbewußtsein, das sich hier bekundet, wurde von den Angehörigen des Schlegelschen Geschlechtes sorgfältig gepflegt und schloß die literarischen Repräsentanten dieser Familie wie zu einer Phalanx der deutschen Kritik und Literaturwissenschaft zusammen. Tatsächlich entstammen Friedrich und August Wilhelm Schlegel einer hochangesehenen, traditionsreichen protestantischen Familie, aus der seit dem 17. Jahrhundert eine Reihe bedeutender Pastoren, Juristen, Hofbeamter, Historiker, Dichter und Literaturkritiker hervorgegangen ist. Die Heimat der Schlegel war Meißen in Sachsen. Im Gefolge der Siedlungen in Siebenbürgen und Ungarn hatte ein Urgroßvater der Romantiker, Christoph Schlegel, eine Zeitlang als Prediger in Leutschau gewirkt und war im Jahre 1651 von Ferdinand III. wegen seiner Verdienste um die dortige Kultur mit dem Beinamen «von Gottleben» geadelt worden. Aber in der Schlegelschen Familie wurde während des 18. Jahrhunderts nach bedeutenderen Auszeichnungen gestrebt, und so hatten die Nachkommen Christoph Schlegels keinen Gebrauch von diesem Titel gemacht. Erst während des Wiener Kongresses und der Metternichschen Restaurationsperiode erschien es August Wilhelm und Friedrich Schlegel angebracht, die Adelswürde erneuern zu lassen.

Schon in der folgenden Generation zeigte sich bei dem Großvater der Romantiker, Johann Friedrich Schlegel, ein Interesse an der Poesie. Johann Friedrich Schlegel war Appellationsrat und Stiftssyndikus in Meißen, also ein hoher protestantischer Geistlicher. Zu den Zügen, die an ihm gerühmt werden, gehören eine liberale, aufgeklärte Gesinnung und eine große Sorgfalt bei der moralischen und bürgerlichen, besonders aber der literarischen Erziehung seiner Söhne. Freilich erscheint die strenge Disziplin, die Johann Friedrich Schlegel seinen Kindern mitzuteilen suchte, wie eine Kompensation, wie ein Schutzwall vor Neigungen zu ungezügelteren, freieren, dichterischen Betätigungen, die der in trockene Amtsgeschäfte verstrickte Geistliche in sich verspürte, und die er nicht immer mit seinem Beruf in einen richtigen Einklang zu bringen wußte. Die Lebensgeschichte dieses Stiftssyndikus, der an einem unveröffentlicht gebliebenen Gedichtband arbeitete, erinnert unwillkürlich an die Parallele

Das Schlegelsche Familienwappen
in der von August Wilhelm Schlegel verwandten Form

zwischen künstlerischer Begabung und beruflicher Unzuverlässigkeit, an jenen Antagonismus von Bürger und Künstler, von Leben und Geist, den Thomas Mann zu seinem Lieblingsthema gemacht hat. Es wird berichtet, daß Johann Friedrich Schlegel durch Lässigkeit und Vertrauensseligkeit gegenüber den Untergebenen eine arge Mißwirtschaft in seinem Amt mitverschuldet habe und 1741 desselben enthoben wurde. Sein Schicksal hat vielleicht jene peinliche Gewissenhaftigkeit bewirkt, die in der Lebensführung des Vaters der Romantiker hervortritt, unter dessen beherrschtem und strengem Wesen jedoch die künstlerische Ambition weiterlebte. Diese beiden Charakterzüge, die Neigung zu pedantisch geregelter Disziplin und die Tendenz zu ungezügeltem Ausschweifen der Begabung, treten in August Wilhelm und Friedrich Schlegel fast rein geschieden in Erscheinung.

Johann Friedrich Schlegel hatte 13 Kinder, von denen drei Söhne in die europäische Literaturgeschichte eingegangen sind. Der jüngste von ihnen, Johann Heinrich Schlegel (1724–80), studierte die Rechtswissenschaften und wurde im Verlauf seines beruflichen Werdeganges nacheinander Sekretär der dänischen Kanzlei in Kopenhagen, Professor der Geschichte und Geographie an der dortigen Universität und königlich dänischer Bibliothekar und Historiograph. Unter den verschiedenen Werken, die er verfaßt hat, wird die zweibändige «Geschichte der Könige von Dänemark aus dem Oldenburger Stamm» (Kopenhagen 1769–71) als sein Hauptwerk angesehen.

Zwischen den beiden anderen Brüdern aus dieser vorromantischen Generation, Johann Elias und Johann Adolf Schlegel, bestand ein ähnliches literarisches Verhältnis wie später zwischen August Wilhelm und Friedrich Schlegel. Die geistige Entwicklung des Älteren, Johann Elias Schlegel (1718–49), hat schon typisch Schlegelsche Züge. Wie viele deutsche Autoren hatte er seine Ausbildung auf der Eliteschule von Schulpforta erhalten, wo neben der dort besonders gepflegten Liebe zum klassischen Altertum sein poetisches Talent erwachte. Oskar Walzel nannte Johann Elias Schlegel den «begabtesten Kritiker, den das vorlessingische Deutschland des 18. Jahrhunderts gesehen hat», und Lessing und Moses Mendelssohn sahen in ihm den größten deutschen Dramatiker seiner Zeit. Während sein Verdienst um das deutsche Drama hauptsächlich darin erblickt wird, daß er die heterogenen Elemente des griechischen und französischen Dramas zu einem dritten Neuen zu verbinden wußte, das als der Typus des klassizistischen Dramas in Deutschland gelten kann, beschäftigte er sich in seinen literaturkritischen Studien vor allem mit dem Problem des Verhältnisses von Kunst und Wirklichkeit, von Nachahmung und Realität. Wenn er in seiner «Abhandlung von der Nachahmung» (1742–45) den freilich recht vorsichtig entwickelten Grundsatz vertrat, «daß die Nachahmung der Sache, der man nachahmet, zuweilen unähnlich werden müsse», schlug er Breschen – oder jedenfalls kleine Lücken – in jene vorherrschende, neoklassizistische Kunstanschauung des 18. Jahrhunderts, die dann später von seinen Neffen mit dem Programm der romantischen Poesie gestürzt wurde.

Der Vater der Romantiker, Johann Adolf Schlegel (1721–93), zeigt im Unterschied zu den weit ausgreifenden Tendenzen seines Bruders ein stetigeres Tempo. Ein Geist der Ordnung und Genauigkeit beherrscht das Leben dieses Mannes. Wie Johann Elias Schlegel hatte er in Schulpforta seine Ausbildung erhalten, und als er anschließend an der Leipziger Universität Theologie studierte, wurde er von seinem älteren Bruder in einen Kreis von Dichtern und Kri-

Johann Adolf Schlegel. Stich von Uhlemann nach Caroline Rehberg

tikern wie Gellert, Rabener, Cramer und Gärtner eingeführt, die sich der Gottschedschen Bevormundung entziehen wollten. Mit Gärtner und Cramer redigierte Johann Adolf Schlegel eine Zeitlang die «Bremischen Beiträge zum Vergnügen des Verstandes und des Witzes»; er lieferte den Index zu Gottscheds Übersetzung von Bayles philosophischem Wörterbuch und übertrug die Bibel des französischen Neoklassizismus, Batteux' Buch «Les beaux arts reduits à un même principe», das er mit kritischen, von Batteux abweichenden Kommentaranmerkungen versah, die im Verlauf der verschiedenen Auflagen des Werkes immer polemischer wurden. Neben diesen kritischen Tätigkeiten machte Johann Adolf Schlegel eine beachtliche

Hannover um 1770

Karriere als protestantischer Geistlicher. Nachdem er seine erste Anstellung als Professor und Nachmittagsprediger in Schulpforta gefunden hatte, wurde er 1745 als Pastor und Professor der Theologie und Metaphysik am Gymnasium in Zerbst angestellt. Hier verbreitete sich sein Ruf als eloquenter, freilich auch etwas deklamatorischer Prediger. Diese Reputation veranlaßte den Minister Münchhausen, ihm eine Professur der Theologie an der neuerrichteten Universität von Göttingen anzubieten – und, als dieser ablehnte, ihn als Pastor an die Marktkirche in Hannover zu berufen, wo er später noch zum Konsistorialrat und Pastor an der Neustädter Hof- und Stadtkirche, zum Generalsuperintendenten für Hoya und Calenberg, ferner – beim Göttinger Jubiläum – zum Doktor der Theologie ernannt wurde. Auch während dieser Hannoveraner Jahre verfolgte Johann Adolf Schlegel seine literarischen Interessen. Er konzentrierte sich nun auf die Pflege des geistlichen Liedes und veröffentlichte mehrere Ausgaben von Kirchengesängen, die in ihrer Zeit großen Erfolg hatten, freilich auch die rationalistische Geisteshaltung ihres Bearbeiters zum Ausdruck bringen. Ferner publizierte er zwei Bände eigener vermischter Gedichte und schließlich eine Sammlung seiner Predigten, die ihn als aufgeklärten, rednerisch begabten Theologen zeigen.

Das geistige Erbe, das August Wilhelm und Friedrich Schlegel von ihren Vätern übernahmen, läßt sich in die beiden Begriffe Kritik und Protestantismus zusammenfassen. Aber es kennzeichnet den Schlegelschen Protestantismus und unterscheidet ihn gleichzeitig von den Schwärmer- und Erweckungstendenzen der Hamann und Herder, der Novalis und Schelling, daß das aufgeklärte Bestreben nach freimütiger, rationaler Prüfung nicht fremd neben dem religiösen Wesen steht, sondern so sehr eine Lebenseinheit mit ihm bildet, daß kritischer Wahrheitssinn, gedankliche Freiheit und intellektuelle Redlichkeit – wie dies im Extrem bei Nietzsche zum Ausdruck kommt – die höchsten Tugenden dieser Geisteshaltung sind.

Kurz vor seiner Konversion zum Katholizismus schrieb Friedrich Schlegel eine Abhandlung *Vom Charakter des Protestanten.* Zwar ist diese Studie in eine umfassende Charakteristik Lessings einbezogen, aber man geht sicher nicht fehl, in ihr gleichzeitig einen Versuch des Autors zu sehen, vor seinem Glaubenswechsel dem Protestantismus seiner Väter ein Denkmal zu setzen und sich selbst der Bildungswerte seiner Jugend zu vergewissern. *Was ist das Wesen des Protestantismus?* heißt es da. *Und was war es, was ihn zuerst auszeichnete und eigentlich konstituierte? Nicht diese oder jene Meinung, denn darüber fand die größte Verschiedenheit, ja Verworrenheit unter den großen Reformatoren selbst statt; sondern das, was alle gleich sehr beseelte, worin sie ohne Verabredung eins waren und was ihr gemeinsames Band blieb. Die Freiheit war es, mit der sie lehrten; der Mut, selbst zu denken und dem eigenen Denken gemäß zu glauben; die Kühnheit, das Joch auch der verjährtesten, ja kurz zuvor noch von ihnen selbst unverletzbar heilig gehaltenen Irrtümer abzuwerfen. Der Enthusiasmus für Wahrheit erschien hier und mußte nach so gänzlicher Erschlaffung und alter Anhäufung toter Stoffe erscheinen als göttlicher Eifer und Zorn gegen den Irrtum und Knechtschaft des Geistes. Sie fühlten es wohl, diese Helden und Verfechter der Wahrheit, daß dieselbe eins sei mit der Freiheit und daß die einzige und alleinige Quelle aller noch so verschieden benannten Irrtümer nichts sei als die dem erdgeborenen Menschen so tief eingewurzelte Furcht und Feigheit, die in der Masse vorzüglich als Trägheit erscheint.*

In ihrer beruflichen und bürgerlichen Lebensgestaltung haben die Romantiker mit ihren berühmten Vorfahren ein Streben nach gesellschaftlichem Erfolg und sozialer Achtung gemeinsam, das leicht übersehen wird, wenn man allein die frühe Lebensperiode Friedrich Schlegels in Betracht zieht. In dieser Zeit hat er in Deutschland den Typus des beruflich und sozial ungebundenen Literaten verwirklicht, der allein von der Feder lebt und damit seine geistige Unabhängigkeit erwirbt – jenen Typ, für den Karl Mannheim den Begriff der «freischwebenden Intelligenz» geprägt hat. Aber ähnlich wie Goethe, der das soziale Scheitern als Symptom einer tieferen

Krisis ansah, der von sich selbst meinte, er wäre in England ein Lord geworden, genügte es den Brüdern Schlegel nicht, revolutionäre Ideen in die Welt zu bringen und darüber ihre soziale Bewährung zu vergessen. Friedrich Schlegel wurde im Jahre 1809 ein hoher Beamter Metternichs, der in den folgenden Jahren zum k. k. Legationsrat, Ritter des päpstlichen Christusordens und Mitglied der Wiener Akademie der bildenden Künste avancierte. Als er 1829 in Dresden starb, hatte er Ehren und Positionen errungen, mit denen sich keiner seiner berühmten Vorfahren messen konnte.

Nachdem sein Vater, der junge Prediger Johann Adolf Schlegel, 1751 seine erste Anstellung in Pforta gefunden hatte, heiratete er die Tochter des dortigen Mathematikprofessors Hübsch, Johanna Christiane Erdmuthe. Von den sieben Kindern, die dieser Ehe entstammten, wählten die beiden ältesten Söhne treu den Pastorenberuf. Der erste, Karl August Moritz Schlegel (1756–1826), wirkte in Göttingen und Harburg; Fichte, der 1798 mit ihm in literarischen Kontakt kam, nannte ihn ziemlich wegwerfend einen «trivialen Superintendenten». Johann Karl Fürchtegott Schlegel (1758–1831) wurde Konsistorialrat in Hannover. Beide haben wissenschaftliche und popularisierende Werke theologischen Inhalts verfaßt, aber in der Lebensgeschichte der jüngeren Brüder tauchen ihre Namen nur selten und von Ferne auf.

Der dritte Sohn, Carl August Schlegel (1761–89), teilte nicht jenes Schlegelsche Familienerbe, das die Nachkommen – wie J. Rouge sagte – dazu verurteilte, ihr Leben inmitten von Büchern und Papiermassen zu fristen. Von einer Abenteuerlust angetrieben, die manchmal auch in Friedrich Schlegel aufflackerte, war er im Jahre 1782 mit einem Hannoverschen Regiment, im Dienste der englischen Krone, nach Indien gegangen. Als Ingenieur des Generals Sir John Dalling hatte er Expeditionen 800 Meilen tief ins Innere des Landes unternommen, Vermessungen angestellt, und neben einer Landkarte Indiens, die er dem König von Großbritannien übersandte, auch eine geographische Schrift über das Land verfaßt, dessen geistige Landkarte später von seinen jüngeren Brüdern erforscht werden sollte. Am 9. September 1789 war er in Madras in Ostindien, nur 28 Jahre alt, gestorben.

Die beiden Töchter der Schlegelschen Familie, Henriette und Charlotte, heirateten zwei Antwerpener Patrizierssöhne, die Brüder Ernst. Von ihnen ist vor allem Charlotte eine strahlende Erscheinung im Leben der jüngeren Brüder. Mit ihrem Mann, dem königlich sächsischen Hofwirtschaftssekretär oder zweiten Hofmarschall Ludwig Emmanuel Ernst, lebte sie bis zu ihrem Tod in Dresden, wo sie dem mittellosen Bruder Friedrich oft monatelang Unterkunft gewährte.

Sie beschwichtigte die Familie, wenn skandalöse Nachrichten über August Wilhelms Liaison mit Caroline oder über Friedrichs Verhältnis mit Dorothea laut wurden. Aber mit derselben Unabhängigkeit kritisierte sie auch die Spuren von Mutwillen und Eitelkeit, die sie in den frühen Schriften ihrer Brüder wahrzunehmen glaubte, und setzte vor allem Friedrich Schlegels späteren mystischen Ausschweifungen einen nüchternen, bürgerlichen Sinn entgegen, den dieser wie kaltes Wasser verabscheute.

Den beiden jüngsten Söhnen dieser Familie blieb es vorbehalten, einen Namen weit über die Grenzen ihres Vaterlandes hinaus bekannt zu machen, der bislang nur innerhalb Deutschlands Klang gehabt hatte. Während aber August Wilhelm Schlegel als allgemein vergötterter Liebling der Familie schon in jungen Jahren mit erwartungsvollen Augen betrachtet wurde, erweckte der vier Jahre jüngere Friedrich hauptsächlich Befürchtungen, was wohl aus diesem schwierigen, verschlossenen Knaben werden möchte. Im Gegensatz zu August Wilhelm Schlegels Lebensgeschichte sind die Nachrichten über die Kindheit und Jugend Friedrich Schlegels recht spärlich. Während der ältere Bruder das Gymnasium seiner Heimatstadt Hannover besuchte und dort Gelegenheit fand, mit seinem früh erwachten Talent zu glänzen – unter anderem trug er bei einer Schulfeier die Geschichte der deutschen Dichtung in eigenen Hexametern vor –, wurde der schwer erziehbare Jüngste aus dem elterlichen Haus gegeben und zunächst einem Onkel, dann dem älteren Bruder Moritz anvertraut, die beide als Pfarrer auf dem Lande wirkten. Carl Enders, der Biograph des jungen Schlegel, sagt: «Man war in der Schlegelschen Familie nicht auf eine so merkwürdige und seltsame Menschenblüte gefaßt, wie sie sich da bald entfalten sollte, und wußte nichts mit ihr anzufangen.»

Reflexionen über den Wert der Einsamkeit für die Erziehung zur Unabhängigkeit, auf die man häufig in Schlegels Notizheften stößt, gehen sicher auf diese bei älteren Pastoren auf dem Land verbrachten Jahre zurück. Zweifellos entfaltete sich in dieser Zeit auch der Zug zu zergliedernder, schwermütiger Selbstreflexion, der als hervorstechende Charaktereigenschaft bereits an dem Knaben auffällt. Mangels äußerer Reize versenkte sich der Blick narzistisch in das eigene Ich. Von Julius, der männlichen Hauptfigur der *Lucinde,* die autobiographische Züge trägt, heißt es später: *Eine Liebe ohne Gegenstand brannte in ihm und zerrüttete sein Inneres. Bei dem geringsten Anlaß brachen die Flammen der Leidenschaft aus; aber bald schien diese aus Stolz oder aus Eigensinn ihren Gegenstand selbst zu verschmähen, und wandte sich mit verdoppeltem Grimme zurück in sich und auf ihn, um da am Mark des Herzens zu zehren. Sein*

Geist war in einer beständigen Gärung; er erwartete in jedem Augenblick, es müsse ihm etwas außerordentliches begegnen. Nichts würde ihn befremdet haben, am wenigsten sein eigener Untergang. Ohne Geschäft und ohne Zweck trieb er sich umher unter den Dingen und unter den Menschen wie einer, der mit Angst etwas sucht, woran sein ganzes Glück hängt. Alles konnte ihn reizen, nichts mochte ihm genügen. Daher kam es, daß ihm eine Ausschweifung nur so lange interessant war, bis er sie versucht hatte und näher kannte. Keine Art derselben konnte ihm ausschließend zur Gewohnheit werden: denn er hatte eben so viel Verachtung als Leichtsinn. Wenn Schlegel später den Ursprung der literarischen Kunst in die engste Beziehung zum Akt der Selbstreflexion setzte, wenn er meinte, das Beste in den modernen Romanen seien Selbstbekenntnisse des Verfassers, und wenn er die dichterische Ironie als Reflexion in der zweiten Potenz, als Genuß des Genusses verstand, sprach er Selbsterfahrungen aus, die tief in seine Jugendzeit zurückreichen.

Um 1785 war Friedrich Schlegel wieder im elterlichen Haus in der Neustadt von Hannover. Zu dem schon gut in den Sechzigern stehenden Vater, der den literarischen Neigungen seiner jüngeren Söhne ein strenges Versorgungsstreben entgegensetzte, fand er wenig Kontakt. Dagegen hatte die Beziehung zur Mutter herzlichere Töne und war auf seiten Erdmuthe Schlegels durch liebevolle Sorge, auf seiten des Sohnes durch freundliche Rücksicht gekennzeichnet, der sich später oft Anzeichen von schlechtem Gewissen beimischten, wenn er sie nicht, wie er gern wollte und wie es August Wilhelm Schlegel ständig tat, finanziell unterstützen konnte, oder wenn er der Frau Superintendentin den Kummer seines Übertritts zum Katholizismus machte. Die wenigen Äußerungen, die von der Mutter über ihren Jüngsten überliefert sind, stammen zwar aus der Studienzeit, aber sie spiegeln sicher Erfahrungen wider, die auf vorausliegende Beobachtungen zurückgehen. Mit Scharfsinn heißt es darin wiederholt, daß aus diesem Sohn wohl «niemahls ein Wirth» werden möchte, womit auf Schlegels Leichtsinn in Gelddingen und seine fatale Neigung, Schulden zu machen, angespielt wird. «Wieder auf Fritz zu kommen», klagte sie August Wilhelm Schlegel im Jahre 1794, «was meine Angst und Sorge für ihn vermehrt ist daß er sich auf keine Weise wird wissen einzuschränken, er ist gar zu sinnlich und mag auch gern auf dem vornehmen Fuß sein, dann hält er sich immer mit Hoffnungen hin, und wenn ihm eine Hoffnung nach der andern fehl schlägt, so fürchte ich alles von ihm.» Sicherlich handelte sie öfter wie Anfang 1793, als sie, wie Friedrich erzählt, *auf Lottchens Antrieb, ohne daß ich das Geringste davon geschrieben,* hundert Taler schickte *zur Bezahlung der Schulden und zwar – ohne auch nur den gering-*

sten Vorwurf hinzuzufügen. Dieselbe sorgende Liebe spricht aus einem Brief an August Wilhelm, den Frau Schlegel schrieb, nachdem sie von Friedrichs Verhältnis mit Dorothea Veit Kunde erhalten hatte. «Nur glaube ich, daß ich (durch die Hoppenstedts) etwas von Fritz erfahren habe, was mir Kummer macht», heißt es darin: «Ich wente mich also an Dich, bester Sohn, mich zu beruhigen und mir zu sagen, je eher je lieber, was an der Sache ist. Es wird nehmlich gesagt, er lebe mit einer Person, einer Jüdin. Es wäre Mentelsons Stieftochter, und wäre reich. Gott, das will ich doch nicht hoffen, und noch weniger, daß ihr ihn mit dieser Person hättet aufgenommen. Fritz hat sich mir schon durch seinen Roman (die Lucinde!) als einen gezeigt, der keine Religion und keine guten Grundsätze hat. Ich wollte lieber, daß er ein ganz ortinärer, aber guter und nützlicher Mensch wäre, als so. Beruhige mich bald darüber.»

Während der im Elternhaus verbrachten Jugendzeit erwachte auch die erste Liebe des damals Fünfzehnjährigen. Sie richtete sich auf ein kindlich schönes, ebenso intelligentes wie leidenschaftliches junges Mädchen, Caroline Rehberg, die Tochter einer Hannoveraner Beamtenfamilie, mit der die Schlegels freundschaftlich verkehrten. Caroline Rehberg ist die in Schlegels Jugendbriefen so häufig genannte C. R., und gleichzeitig ist sie in der *Lucinde* das liebliche Kind, das Julius beinahe verführt. *Meine erste Liebe war die R.*, schrieb Schlegel am 21. November 1792 seinem Bruder: *War gleich der Anfang linkisch, das Ganze sehr jugendlich, so verdanke ich ihr doch unvergeßliche Augenblicke in stiller Empfindung zu Hannover oder in zügelloser Ausgelassenheit in Dresden. Und endlich stürzte größtenteils sie mich in die tiefste Melancholie, in der ich ein Jahr in Göttingen immer tiefer sank, und aus der ich nur langsam und mit Mühe auferstand. Das dürfte nicht Liebe heißen?* – Diese Stunden haben beide festzuhalten gesucht; Friedrich Schlegel mit der Darstellung des schönen Mädchens mit *goldenen Haaren und frommen dunkelblauen Augen* von *ungewöhnlichem Feuer;* und Caroline Rehberg mit einem liebenswürdig-romantischen Porträt, das mit bemerkenswerter Sicherheit schon die eindrucksvollen Augen Schlegels festgehalten hat.

Wenn das gealterte Pastorenehepaar wenig Sinn für die außerordentliche Natur besaß, die sich in ihrem jüngsten Sohn ankündigte, so gab es in der Schlegelschen Familie doch einen, der sich über den widersprüchlichen Reichtum, der sich hier auftat, völlig im klaren war, der mit Aufmerksamkeit über der Entfaltung dieses diffizilen Menschen wachte und alles nur mögliche tat, um dies Wesen zu fördern und vor den Abgründen von Schwermut und Neigungen zum Selbstmord, die in ihm waren, zu bewahren. Dies war August Wilhelm Schlegel. Für Friedrich bedeutete es das größte, mit unendlicher

Friedrich Schlegel um 1790.
Verschollene Kreidezeichnung von Caroline Rehberg

August Wilhelm Schlegel, 1793. Gemälde von Friedrich August Tischbein

Dankbarkeit hingenommene Glück, in seinem vier Jahre älteren Bruder einen Menschen zu besitzen, der ihm Bruder, Vater, Freund, Erzieher in einem war – und gleichzeitig ein Lehrer, der als einer der begabtesten Philologen des Zeitalters ihm eine geistige Ausbildung mitgab, wie er sie auf keiner noch so berühmten Akademie besser erhalten hätte. Die Literaturgeschichte dankt dieser Beziehung eine der fesselndsten Briefsammlungen, in der sich die Seele eines vielseitigen jungen Menschen allmählich der leitenden Kraft des älteren Bruders erschließt und eigene Form gewinnt. Das schönste Symbol dieser geistigen Gemeinschaft und gleichzeitig das wichtigste Indiz der Herkunft Friedrich Schlegels ist die in der Weltliteratur üblich gewordene Zusammenstellung ihrer Namen im Begriff der Brüder Schlegel. Zu ihrer Zeit wurden August Wilhelm und Friedrich Schlegel gern als die «Dioskuren der Kritik» bezeichnet. Wieland nannte sie die «beiden Götterbuben», was freilich Caroline darüber meditieren ließ, «ob er mehr Akzent auf das Göttliche oder Bübische gelegt», während Böttiger die Stelle «nach Herrn Heinsens Übersetzung» als «Jupitersbuben... Irrwische, nicht lucida sidera» auslegte.

AUF DEM WEGE ZU EINEM «WINCKELMANN DER GRIECHISCHEN POESIE» (1788–1793)

Offenbar wollte Johann Adolf Schlegel seinem zu schwermütigem Grübeln und bohrender Selbstreflexion neigenden jüngsten Sohn dadurch eine Hilfe für das Leben geben, daß er ihm eine ausschließlich praktische Ausbildung zukommen ließ. Und um den anderen Fehler dieses Sorgenkindes, Friedrichs leichtsinniges Verhältnis zum Geld gleich mitzukurieren, beschloß der Vater, den Sohn das «Soll und Haben» erlernen zu lassen. So wurde Friedrich Schlegel im Alter von 15 Jahren, ohne daß er auf dem Gymnasium in den humanistischen Fächern geschult worden war, beim Bankier Schlemm in Leipzig in die Lehre gegeben.

Das Ergebnis dieser Radikalkur war negativ. Friedrich schrieb die flehendsten Briefe, ihm doch diesen Beruf zu erlassen, und kehrte bald nach Hannover zurück. Auf die vorwurfsvolle Frage, was nun werden solle, antwortete er mit finsterer Verschlossenheit. «Wie er aus Leipzig zurückkam», schrieb die Mutter an August Wilhelm, «daß es bei der Handlung nicht gehen wollte, so konnte er sich auch nicht erst entschließen, was er nun tun wolle und war so muckisch, man konnte nichts aus ihm herausbringen.»

August Wilhelm Schlegel hatte indessen die Universität von Göttingen bezogen und das Studium der Theologie bald mit dem der Philologie vertauscht. Auch hier glänzte er mit vielversprechenden Talenten. Zu der Vergil-Ausgabe Christian Gottlob Heynes, seines Lehrers in der klassischen Philologie, trug er ein Register bei, das als selbständige altertumswissenschaftliche Arbeit von Rang angesehen worden ist, und mit der Abhandlung «De geographia Homerica» (1788) verdiente er sich seinen ersten akademischen Preis. Dem Dichter der «Leonore», Bürger, huldigte er mit formvollendeten Gedichten, die der damals schon etwas vernachlässigte Bürger mit Versen beantwortete, in denen er Schlegel als seinen «poetischen Sohn», als «Lieblingsjünger» und «jungen Aar» pries. Hier lernte August Wilhelm Schlegel auch seine spätere Frau Caroline kennen. Die schöne und geistreiche Witwe, Tochter des Orientalisten Michaelis, war nach dem Tode ihres ersten Mannes, des Klausthaler Physikus Dr. Böhmer, ins väterliche Haus zurückgekehrt und hatte unter den Göttinger Universitätsprofessoren und Dichtern die Rolle einer Muse übernommen.

Wahrscheinlich rief das Beispiel des älteren Bruders in Friedrich Schlegel den Wunsch wach, sich ebenfalls an der Göttinger Universität zu immatrikulieren. Um aber Zugang zu einer Alma mater zu finden, mußte in privatem Studium die bislang versäumte Gymnasialausbildung nachgeholt werden. Friedrich Schlegel hat diese erste Bewährungsprobe mit einem Erweis von geradezu genialen Fähigkeiten erbracht. Zum erstenmal machte sich in dem melancholischen Knaben ein Elan bemerkbar, der die Familie in Erstaunen versetzte und zeigte, welche Spannkraft in dieser Seele war, wenn sie sich wirklich erstrebten Zielen zuwandte. In kürzester Zeit erwarb sich der Sechzehnjährige nach der Methode des immer wiederholten Lesens profunde Kenntnisse auf dem Gebiet des klassischen Altertums, besonders in der griechischen Sprache und Geistesgeschichte, die ihn später befähigten, mit den größten Altphilologen der Zeit, wie zum Beispiel mit F. A. Wolf oder den Franzosen Coray und Visconti, als Autorität zu verkehren und von diesen als ebenbürtig angesehen zu werden.

Unter den Autoren, die sich Schlegel damals mit wahrer *Lesewut* einverleibte, nahm Platon die erste Stelle ein. Der griechische Philosoph hatte für das ziellose Streben, das den jungen Studenten bislang wie ein Makel gekennzeichnet hatte, einen Begriff zu bieten, den Friedrich Schlegel begierig aufgriff und als *Sehnsucht nach dem Unendlichen* von nun an nicht nur zur Bestimmung seiner eigenen

Leipzig: Der Hof von Auerbachs Keller zur Messezeit

Seelenlage verwandte, sondern später auch der romantischen Bewegung einprägte. Platon hat Friedrich Schlegel am längsten und nachhaltigsten beschäftigt. Ohne Zweifel kann man die Romantik, sofern sie von Friedrich Schlegel ausging und von ihm bestimmt wurde, in die Reihe der großen Platon-Renaissancen Europas stellen. Über den hinreißenden Eindruck seiner ersten Begegnung mit dem griechischen Philosophen sagt Schlegel noch in seinen späten Vorlesungen über die *Philosophie des Lebens* (1827): *Es sind jetzt eben neununddreißig Jahre, seit ich die sämtlichen Schriften des Plato in griechischer Sprache zum ersten Mal mit unbeschreiblicher Wißbegierde durchlas; und seither ist, neben mancherlei andern wissenschaftlichen Studien, diese philosophische Nachforschung für mich selbst eigentlich immer die Hauptbeschäftigung geblieben.*

Im Jahre 1790 bezog Friedrich Schlegel zusammen mit seinem Bruder die Göttinger Universität. Er wählte die Rechtswissenschaften und scheint dies Studium anfangs sehr gewissenhaft betrieben zu haben. *Es scheint mir viel seiner bürgerlichen Bestimmung gut zu erfüllen, und ich werde immer danach streben,* so meditierte er in etwas trotziger Selbstbeschränkung vor seinem Bruder: *Erlaube mir Dir hierüber meine Theorie mitzuteilen. Ein ganz vollkommener oder wie Schiller sagen würde ein gereifter Querpfeifer erfüllt doch sein Wesen nämlich die Querpfeiferei. Aber wer nicht ist, was er ist, und wäre er Gott, der macht sich selber zu nichts, ja zu weniger als nichts, denn alles was er ist, ist verneinend ... Es beruht alles auf dem Bewußtsein, daß der Querpfeifer, wenn er einen guten Pfiff tut, eben so gut tut, als Gott wenn er eine Welt macht.* Aber er griff auch über die Grenzen des Berufsstudiums hinaus. Aus einem ebenso umfassenden wie ungeregelten Wissensbedürfnis heraus befaßte er sich mit mathematischen und medizinischen Studien, er besuchte die historischen Kollegs von Spittler und Heeren, ließ sich von seinem Bruder in Heynes altphilologisches Seminar einführen und befriedigte die nie nachlassende *Lesewut* mit der Zufuhr immer neuer Büchermassen, unter denen in Göttingen vor allem die Werke von Herder, Kant, Hemsterhuis, Winckelmann und Dalberg zu nennen sind. In einem rückblickenden Brief bezeichnete Schlegel den Weg, den er in Göttingen ging, als *beständig mit dem Verstande zu genießen ohne zu handeln,* und sah diese bloße Rezeptivität als ein Versagen an. *O Müßiggang, Müßiggang!* heißt es später in der *Lucinde*: *du bist die Lebensluft der Unschuld und der Begeisterung; dich atmen die Seligen, und selig ist wer dich hat und hegt, du heiliges Kleinod! einziges Fragment von Gottähnlichkeit, das uns noch aus dem Paradiese blieb.*

Ostern 1791 trennten sich die Wege der Brüder. August Wilhelm

Schlegel war noch in Göttingen mit kritischen Arbeiten, vor allem auch mit glänzenden Übersetzungen hervorgetreten. Den Anregungen Herders folgend, hatte er ausgewählte Abschnitte aus Dantes «Hölle», «Büßungswelt» und «Himmelreich» übertragen und zusammen mit Bürger eine deutsche Fassung von Shakespeares «Sommernachtstraum» begonnen. Als er 1791 sein Universitätsstudium abschloß, war er wenig geneigt, eine Stelle als Gymnasiallehrer in Göttingen anzutreten. Er ging statt dessen nach Amsterdam, wo ihm im Haus des reichen Kaufmanns Muilmans die sorgenfreie Position eines Hauslehrers angeboten wurde. Friedrich Schlegel wandte sich nach Leipzig und geriet im luxuriösen Leben dieser damals durch Eleganz und Frivolität ausgezeichneten Stadt bald in eine tiefe Krisis. Der Ruck, mit dem er sich aus diesem Abgleiten emporriß, bezeichnet den Beginn seiner Laufbahn als Kritiker und Philosoph.

Novalis. Stich von Ed. Eichens

Zunächst setzte er an der neuen Universität mit verbissener Disziplin das wenig geliebte juristische Studium fort. Aber die bereits in Göttingen erwachten geisteswissenschaftlichen Interessen nagten an dem Damm der Selbstbeschränkung, den Schlegel um sich errichtet hatte, und brachten diesen während der zweieinhalb Jahre in Leipzig völlig zum Einsturz. *Wir bleiben bei unserer Gewohnheit,* teilte er seinem Bruder nach Amsterdam mit, *Du indem Du viel schreibst und ich da ich viel lese.* Er befaßte sich mit Herder, der ihm zu *empfindlich und verletzbar durch das Kleinste* erschien, als daß er die Kraft zu einem urteilenden Kunstrichter haben könnte, und mit Lessing, in dem er damals nur *geistlose, kalte Korrektheit* wahrnahm. In den Berichten über seine unersättliche Lektüre tauchen in wirrer Folge die Namen von Winckelmann, Bouterwek, Klinger, Fleming, Wieland, Voltaire, Dante oder Shakespeare auf. *Was Du vom Lesen im allgemeinen sagst, ist sehr wahr,* schrieb er am 2. Juni 1793 seinem Bruder: *Ohne bestimmte Richtung die ganze Welt zu durchlesen, in freudenloser Abgezogenheit, und zu rezensieren «das gibt sauren Humor» nach dem Ausdruck eines sehr klugen Mannes – man wird da leicht zum Schuhu ... Allein was mich betrifft, so ... habe ich auch oft, sehr oft studiert, nicht bloß gelesen; ich habe den Geist einiger großer Männer, vielleicht nicht ganz ohne Erfolg, zu ergründen gesucht als Kant, Klopstock, Göthe, Hemsterhuys, Spinoza, Schiller; anderer von weniger Bedeutung nicht zu erwähnen.*

Das Studium der römischen Geschichte veranlaßte ihn zu der interessanten historiographischen Idee, *ob sich nicht der ganze eigentümliche Charakter dieser Nation in der Darstellung eines ihrer Heroen und einer ihrer Katastrophen zugleich in einem Bild vereinigt geben ließe: ein Kunstwerk, welches die tätigste Wirksamkeit dieser Nation in einem Brennpunkte vereinigen würde.* Als August Wilhelm Schlegel angesichts dieses lebendigen Interesses den Bruder im Oktober 1791 fragte, ob er «nicht Lust zur Schriftstellerei bekäme», antwortete dieser: *Allerdings habe ich sehr viele Plane dazu, und ich glaube ich werde die meisten ausführen; nicht sowohl aus Liebe zum Werke als aus einem Triebe, der mich von früh an schon besessen, dem verzehrenden Triebe nach Tätigkeit, oder wie ich ihn noch lieber nennen möchte die Sehnsucht nach dem Unendlichen.*

Der Grundstock für Schlegels außergewöhnliche Belesenheit auf den Gebieten der klassischen, mittelalterlichen und modernen Literatur, in den ästhetischen, philosophischen und historischen Disziplinen wurde bereits während der Göttinger Zeit, vor allem aber in den ersten Monaten des Leipziger Aufenthaltes gelegt. Hier trat er auch mit Gestalten in persönlichen Kontakt, die später bei der Begründung der romantischen Schule von Wichtigkeit wurden. Unter den zahlreichen Briefen der Leipziger Zeit ist jener vom Januar 1792 von besonderem Reiz, in welchem Schlegel seinem Bruder von der ersten Begegnung mit Novalis berichtet. *Das Schicksal hat einen jungen Mann in meine Hand gegeben, aus dem Alles werden kann,* heißt es darin: *Er gefiel mir sehr wohl und ich kam ihm entgegen; da er mir denn bald das Heiligtum seines Herzens weit öffnete. Darin habe ich nun meinen Sitz aufgeschlagen und forsche. – Ein noch sehr junger Mensch – von schlanker guter Bildung, sehr feinem Gesicht mit schwarzen Augen, von herrlichem Ausdruck wenn er mit Feuer von etwas Schönem redet – unbeschreiblich viel Feuer – er redet dreimal schneller wie wir andre – die schnellste Fassungskraft und Empfänglichkeit. Das Studium der Philosophie hat ihm üppige Leichtigkeit gegeben, schöne philosophische Gedanken zu bilden – er geht nicht auf das Wahre sondern auf das Schöne – seine Lieblingsschriftsteller sind Plato und Hemsterhuys – mit wildem Feuer trug er mir einen der ersten Abende seine Meinung vor – es sei gar nichts Böses in der Welt – und alles nahe sich wieder dem goldenen Zeitalter. Nie sah ich so die Heiterkeit der Jugend... Sein Name ist v. Hardenberg.* Novalis hielt sich wie Schlegel zum Studium der Rechtswissenschaften in Leipzig auf. Nachdem sich ihre Wege im Frühjahr 1793 vorläufig getrennt hatten, blickte er am 20. August 1793 in einem Brief an Friedrich Schlegel auf die gemeinsam verbrachte Zeit zurück und sagte: «Vielleicht seh ich nie wieder einen Menschen, wie Dich. Für mich bist Du der Oberpriester von Eleusis gewesen. Ich habe durch Dich Himmel und Hölle kennen gelernt – durch Dich von dem Baum des Erkenntnisses gekostet.»

Bei einem Besuch im Frühjahr 1792 in Dresden traf Schlegel auch im Haus des Gerichtsrates Körner mit Schiller zusammen, der bei der kurzen Begegnung freilich nur den geistreich-ironischen Wesenszug des Jünglings wahrnahm und offenbar gar nicht schätzte. *Ich habe zufällig Körners und seine Urteile über mich erfahren,* berichtete Schlegel am 17. Mai 1792 seinem Bruder. *Solltest Du glauben, daß ich ihnen ein unbescheidner, kalter Witzling geschienen? und auch Schillern?... Sie haben mein Herz ordentlich versteigert, wer den meisten Tadel darauf bieten möchte.*

Über den spröden Charakter seiner persönlichen Wirkung war sich Schlegel selbst am besten im klaren. *Ich fühle selbst in mir beständigen Mißklang, und ich muß mir gestehen, daß ich nicht liebenswürdig bin,* teilte er August Wilhelm am 21. November 1792 mit. Während er sich wünschte, daß sich alles bei seinem Erscheinen erheiterte, hatte er längst bemerkt, welchen Eindruck er in Wirklichkeit auf seine Umgebung machte. *Man findet mich interessant und geht mir aus dem Wege,* heißt es in demselben Brief: *Wo ich hinkomme, flieht die gute Laune, und meine Nähe drückt. Am liebsten besieht man mich aus der Ferne, wie eine gefährliche Rarität. Gewiß manchen flöße ich bittern Widerwillen ein. Und der Geist? – Den meisten heiße ich doch ein Sonderling, das ist ein Narr mit Geist.* Um diesem Zustand abzuhelfen, beschloß Schlegel im Herbst 1792 wie in einem von Julien Sorel gefaßten Vorsatz, ein *Weltmann* zu werden. Und um den ersten Schritt zu dieser neuen Existenzform zu vollziehen, suchte er sich eine Geliebte in der höheren Leipziger Gesellschaft. So wurde nun der Fluß des Studiums und der geistige Aufschwung, den Schlegel in Leipzig nahm, für eine Zeit unterbrochen. Als seine eigene Liebesaffäre im Februar 1793 ihr Ende fand, wurde er für den Rest des Jahres als Vertrauter, Bote und Freund in das Verhältnis seines Bruders mit Caroline verwickelt. Im Januar 1794 riß sich Schlegel von den Leipziger Schlingen frei, um in Dresden seinen eigenen Weg zu beginnen.

Caroline, März 1798. Stich von A. Weger

Über die Leipziger Geliebte ist nicht viel bekannt, da Schlegel sich selbst in den Briefen an seinen Bruder wie ein schweigender Kavalier verhält, und die Darstellung, die er in der *Lucinde* gibt, mehr Aufschlüsse über ihn selbst als über seine Freundin enthält. Aus einer Bemerkung des Novalis, die Schlegel am 10. März 1793 seinem Bruder mitteilte, kann aber geschlossen werden, daß die beiden Freunde sich damals zwei Schwestern erwählten, die mit aller Wahrscheinlichkeit Töchter des Leipziger Bankiers Haugk waren. Während Julchen

Haugk die Leidenschaft des Novalis erregte, war die offenbar mit einem «Consul» verheiratete Laura Haugk möglicherweise Schlegels Erwählte. Sehr erfolgreich scheint sein Werben nicht gewesen zu sein. Während dem schüchternen Zwanzigjährigen das Blut in den Kopf schoß, wenn er ihr Billetts *beim Handkuß in die Hand drückte*, und er, wie es in der *Lucinde* heißt, *bald so dreist und zuversichtlich war wie ein alter Besitzer, bald so schüchtern und fremd wie ein völlig Unbekannter*, besaß diese Frau, die als *ebenso eitel als schön* geschildert wird, genug *Schlauigkeit, als es braucht, um alles absichtlich und zwecklos zu verwirren, die Männer zu locken und zu lenken und sich selbst in Schmeicheleien zu berauschen.* Als Schlegel schließlich durch Novalis erfuhr, daß diese Frau ihn in der Gesellschaft lächerlich machte, beschloß er, *alles zu vergessen.* Freilich hatte er sich in den wenigen Monaten dieser Episode hoffnungslos in Schulden gestürzt, und es bedurfte eines großen Teils von August Wilhelm Schlegels Amsterdamer Ersparnissen, um ihn von den drängendsten Verpflichtungen zu befreien. Von nun an bilden Geldsorgen den ständigen Refrain in Schlegels Briefen, und um sich dem Zugriff seiner Gläubiger zu entziehen, wurde von nun an eine Fülle von kleineren Gelegenheitsarbeiten in Angriff genommen, welche die Ausführung wirklich großer Pläne immer wieder verhinderten.

Kurze Zeit nach dieser Affäre begegnete Schlegel mit Caroline einer Frau, *die seinen Geist zum erstenmal ganz und in der Mitte traf.* Der Umstand, daß es nun seine Aufgabe wurde, der in tiefes Unglück gesunkenen Frau neuen Lebensmut zu schenken, gab ihm selbst die Freude am Leben zurück. Nachdem August Wilhelm Schlegel Göttingen verlassen hatte, war Caroline zunächst zu ihrem Bruder nach Marburg und schließlich nach Mainz, in das Haus Georg Forsters, übergesiedelt, der dort mit ihrer Jugendfreundin Therese Heyne verheiratet war. Während dieser Zeit führte sie zwar mit August Wilhelm Schlegel eine lebhafte Korrespondenz, aber als ihre Schwester ihr mit Bezug auf Schlegels ernsthafte Heiratsabsichten eine Frage stellte, antwortete sie: «Schlegel und ich! ich lache indem ich schreibe! Nein, das ist sicher – aus uns wird nichts.» Mainz wurde damals von den französischen Revolutionstruppen unter dem General Custine besetzt, und der Enthusiasmus für die republikanischen Ideale, der im Hause Forsters besonders lebendig war, übertrug sich auch bald auf Caroline, von der das Gerücht ging, wie Friedrich Schlegel seinem Bruder am 3. April 1793 nach Amsterdam berichtete, sie sei *Custine's Maitresse* geworden. Als Caroline sich bei Forsters Aufbruch nach Paris entschloß, den französischen Herrschaftsbereich in Mainz zu verlassen, wurde sie wegen ihrer politischen Verbindungen mit den republikanischen Kreisen von der kurfürstlich Mainzischen Regierung festgenommen und als Gefangene auf die Festung Königstein im Taunus gebracht. Ihre Verzweiflung ließ keineswegs nach, als sie nach zwei Monaten durch Vermittlung ihres Bruders aus dem Gefängnis befreit wurde. Denn Caroline war schwanger, und der Vater ihres Kindes war ein blutjunger französischer Offizier namens Cranz, den sie auf einer Ballnacht kennengelernt hatte.

In dieser Situation stellte sich August Wilhelm Schlegel ihr ritterlich zur Seite. Er eilte aus Amsterdam herbei und brachte die von der Polizei gesuchte Frau im August 1793 in ein abgelegenes Dorf im Altenburgischen, nach Lucka bei Leipzig. Da er aber in Amsterdam seine Hofmeisterstelle weiter zu versorgen hatte und die Einnahmen aus diesem Beruf jetzt, zur Versorgung Carolines, mehr denn je benötigt wurden, vertraute er die weitere Fürsorge seinem jüngeren Bruder an, der ihm schon im November 1791 mit Bezug auf sein Verhältnis zu dieser skandalumwitterten Frau, die Schiller mit moralischer Entrüstung die «Dame Luzifer» nannte, versichert hatte: *Sei die Sache was es immer sei, so mußt Du wissen, daß Du auf mich rechnen darfst und daß ich auch das, was die Welt Sünde nennt, für Dich übernehmen kann, sei es durch die Tat oder durch Schweigen ... Was es auch sein mag, was Du unternimmst lieber Bruder – handle groß, und wenn es nicht gelingt, so bleibe fest stehen. Du wirst alsdann eine glorreiche Gelegenheit haben, Gott zu verachten.*

Die Umgebung, in der sich Caroline versteckt hielt, beschrieb Friedrich Schlegel als *traurig*: *Die Familie, in der sie lebt, besteht aus einem kranken, geizigen, grillenhaften Arzte, und aus einer gedrückten und gequälten Anverwandtschaft. In der Hauptsache können wir aber zufrieden sein; der Mann ist als geschickter Accoucheur bekannt, sollte er auch sehr krank werden, oder gar sterben, so ist doch einer auf der Nähe zu haben.* Mehrere Monate lang begab er sich fast jede Woche – *mit der möglichsten Vorsicht, das versteht sich von selbst* – für einige Tage nach Lucka; und beschrieb er auch ihre damalige Beziehung mit der lakonischen Wendung: *Wir sind zusammen, nicht weil wir zusammen gehören, sondern weil wir uns in demselben Hause treffen*, so entwickelte sich doch bald zwischen ihnen eine heitere, vertrauensvolle Freundschaft, bei welcher der Einundzwanzigjährige die Verzweiflung Carolines zu lösen wußte, während er selbst von dieser Frau zu seinem Wesenskern geführt wurde. *Heute ists drei Jahre daß ich Sie zuerst sah*, schrieb er ihr am 2. August 1796 nach Jena: *Denken Sie, ich stände vor Ihnen, und dankte Ihnen stumm für Alles, was Sie für mich und an mir getan haben. – Was ich bin und sein werde, verdanke ich mir selbst; daß ich es bin, zum Teil Ihnen.* Wie sehr Caroline an Friedrich Schlegels Zuneigung hing, geht aus dem schaudererregenden Satz hervor, den sie August

Wilhelm damals schrieb, als sich durch ihre Aversion gegen Dorothea die ursprüngliche Freundschaft gelöst hatte. «Mir ist selbst oft, als könnte ich nicht ruhig sterben, ohne mich mit ihm zu verstehen. Wenn sie [Dorothea] nur jemand totschlagen wollte, ehe ich stürbe.»

Am 4. November 1793 konnte Friedrich Schlegel seinem Bruder mitteilen: *Ich komme so eben von einer Kindtaufe, wo ich Gevatter gestanden habe. Mein Pate ist der kleine Citoyen, Wilhelm Julius Cranz. – Der Kleine ist gesund,* fügte er zwei Wochen später hinzu, *und hat schon einen dicken Backenbart; ich für meine Person glaubte auch Spuren von einer moustâche zu sehen.* Mit dem sich bessernden Befinden der Mutter kam Schlegels Aufgabe in Lucka zu einem Abschluß, und es drängte ihn nun, lang geplante eigene Arbeiten in Angriff zu nehmen. Diese in Leipzig durchzuführen, war wegen seiner hoffnungslosen Finanzlage unmöglich geworden. *Große Schulden, mußt Du wissen, wachsen wie Schneebälle,* schrieb er am 11. Oktober seinem Bruder, *und ich weiß nicht ob es Glück oder Unglück ist, daß sie großen Credit geben.* So beschloß er, zu seiner Schwester nach Dresden zu gehen. *Dort wird für mich ein neues Leben beginnen,* versicherte er August Wilhelm am 24. November 1793: *Ich werde mir selbst das Opfer strenger Entsagung und unaufhaltsamer Tätigkeit bringen, das ich mir längst schuldig war. Dann werde ich Dich auffordern, der unerbittliche Censor meines Lebens zu sein.*

Einigen Briefen an seinen Bruder ist zu entnehmen, daß Schlegel zunächst ein Werk über das Wesen der Dichtkunst im allgemeinen plante, bei dem er von den höchsten Gesetzen der Poesie ausgehen wollte. Wenn sich Schlegel dennoch kurz vor seinem Aufbruch entschloß, in Dresden die *Griechischen Dichter* und das Ganze der griechischen Literatur zu bearbeiten, so wich er damit nur scheinbar von den vorher gefaßten Plänen ab. Ähnlich wie Winckelmann mit seinen Arbeiten über die griechische Kunst den idealen und vollkommenen Ausdruck der Schönheit zu erfassen glaubte, sollte die von Schlegel geplante Darstellung der griechischen Dichter das eigentliche Wesen der Dichtkunst behandeln und so für die Poesie das leisten, was Winckelmann für die bildende Kunst getan hatte. Bereits im Jahre 1767 hatte Herder gefragt: «Wo ist noch ein deutscher Winckelmann, der uns den Tempel der griechischen Weisheit und Dichtkunst so eröffne, als er den Künstlern das Geheimnis der Griechen von ferne gezeigt? Ein Winckelmann in Absicht auf die Kunst konnte bloß in Rom aufblühen; aber ein Winckelmann in Absicht der Dichter kann in Deutschland auch hervortreten, mit seinem römischen Vorgänger einen großen Weg zusammen tun.» Mit diesem Auftrag, ein *Winckelmann der griechischen Poesie* zu werden, begab sich Schlegel im Januar 1794 nach Dresden.

VON DER ANTIKE ZUR MODERNE, VON DER KLASSISCHEN ZUR ROMANTISCHEN LITERATUR (1794–1796)

Schlegel war vom Januar 1794 bis zum Sommer 1796 in Dresden. Während dieser zweieinhalb Jahre hat er nicht allein die profunden Studien betrieben, die in seinen Arbeiten zur klassischen Literaturgeschichte zum Ausdruck kommen, sondern darüber hinaus eine Literaturtheorie und eine Geschichtsphilosophie entwickelt, die für sein gesamtes weiteres Schaffen, insbesondere aber für die von ihm aufgestellte Theorie der romantischen Poesie, bestimmend geworden sind. Daß sich diese Studien in Dresden vollzogen, hat Schlegel sein ganzes Leben lang als bedeutungsvoll für den Charakter der daraus resultierenden Schriften wie auch für seine ganze literarische Laufbahn angesehen. In der Vorrede zur Neuausgabe seiner altertumswissenschaftlichen Arbeiten von 1822 sagt er rückblickend: *In dem ersten Jünglingsalter von etwa 17 Jahren, bildeten die Schriften des Plato, die tragischen Dichter der Griechen, und Winckelmanns begeisterte Werke, meine geistige Welt und die Umgebung, in der ich lebte, und wo ich mir in meiner dichterisch nachdenkenden Einsamkeit, wohl oft auch nach jugendlicher Art, die Ideen und Gestalten der alten Götter und Helden in der Seele vorzubilden versuchte. Im Jahre 1789 gelangte ich freien Mutes zum erstenmale zur Anschauung in jener kunstgebildeten Hauptstadt, und war ebenso glücklich als erstaunt, die lang ersehnten antiken Göttergebilde nun wirklich vor mir zu sehen, unter denen ich oft stundenlang verweilte und umherwandelte, besonders auch in der unvergleichlichen Sammlung der Mengsischen Abgüsse, welche damals im Brühlischen Garten, noch wenig geordnet, befindlich war, und wo ich mich oft einschließen ließ, um desto ungestörter zu bleiben. Es war aber nicht die hohe Schönheit der Form allein, welche meine im Stillen genährte Erwartung erfüllte und übertraf, sondern noch weit mehr setzte mich das Leben und die Bewegung an diesen Olympischen Marmorbildern in Erstaunen; denn das hatte ich mir in meinem einsamen Nachsinnen nicht so vorstellen und als möglich denken können. Diese unvergeßlichen ersten Eindrücke blieben nun die feste dauernde Grundlage für meine Studien des klassischen Altertums in den nächstfolgenden Jahren.*

Auch in der Zeitschrift *Europa* (1803) hat Schlegel Dresden als der Stadt gedacht, in welcher durch die unmittelbare Begegnung mit der Kunst *zuerst mein jugendliches Gefühl* erwachte. Als er in späteren Jahren selbst das charakteristische Motiv seiner altertumswis-

Dresden. Gemälde von Bernardo Belotto, gen. Canaletto

senschaftlichen Arbeiten anzugeben suchte, lag dies für ihn darin, *daß sie ganz nach dem Einen rein künstlerischen Standpunkte entworfen, und daß dieser so streng darin durchgeführt worden.* Diesen vorherrschend künstlerischen Gesichtspunkt brachte er auch schon zu Beginn dieser Studien in einem Brief vom 10. Februar 1794 zum Ausdruck, wo es heißt: *Es war zwar zuerst die Neigung, welche mich antrieb, die Kunst da zu erforschen, wo sie einheimisch ist. Daß ich aber in dem Entwurfe meines Lebens mit der Kunst den Anfang mache, das ist so tief in meiner Natur und in meinen Absichten gegründet, daß vielleicht nur ich selbst den Grund davon einsehen kann.*

Seiner charakteristischen Arbeitsmethode entsprechend, begann Schlegel das *neue Leben* in Dresden mit einer weit ausgreifenden Lektüre der klassischen Autoren. *Du fragst nach der Einteilung meines Tages?* teilte er seinem Bruder am 9. Mai 1794 mit: *Diese ist folgende; wenn ich aufwache, fange ich an, an meinem Werke zu arbeiten, und ich höre auf, wenn ich mich niederlege. Im Wechsel des Schreibens, Denkens, Lesens, Exzerpierens habe ich keine feste Regel.* In einem früheren Brief hatte er August Wilhelm Schlegel gestanden, daß er mangelnde Schaffenskraft gern durch immer neue Pläne ersetze. Dieser Eindruck ergibt sich zunächst auch aus den Berichten über die Dresdner Lektüre, bei der fast jedes Buch, in das sich Schlegel vertieft, mindestens die Idee zu einer neuen Abhandlung veranlaßt und sich die Werkpläne bald in verwirrender Anzahl mul-

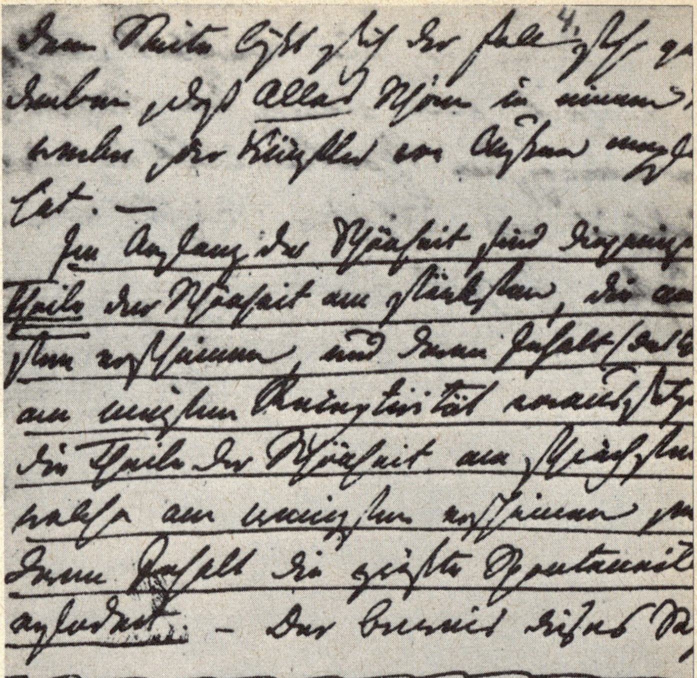

Aus einer unveröffentlichten Studie Fr. Schlegels von 1795
«Über das Wesen des Schönen»

tiplizieren. Besonders charakteristisch ist in diesem Zusammenhang der Brief vom 4. Juli 1795, in dem auf ein paar Seiten die Skizzen zu Abhandlungen *Über antiken und modernen Republikanismus, Über die Grenzen des Schönen, Sophokles, Fragment aus einer Geschichte der Attischen Tragödie (Forts. folgt), Vom Wert des Studiums der Griechen und Römer, Über die Diotima, Über die Darstellung der Weiblichkeit in den griechischen Dichtern, Über die politischen Revolutionen der Griechen und Römer, Theorie der Geschichte der Menschheit, Über die alte Religion, Briefe über den Plutarch, Über den griechischen Rhythmus* oder über die *Alte Politik in zwei Bänden* entwickelt werden.

Erstaunlicherweise wurden die meisten dieser – und noch viele andere – Pläne tatsächlich ausgeführt, und bei der kontinuierlichen Beschäftigung mit dem Gegenstand kam in die genialische Arbeitsweise bald, wie Schlegel sagt, *schöne Organisazion* hinein. Bereits am 5. April 1794 ordneten sich die vielfältigen Studien unter eine umfassende Leitidee, die Friedrich Schlegel im Anschluß an eine beratende Bemerkung seines Bruders mit folgenden Worten umriß: *Das Werk ist von noch größerm Umfang, als Du angibst. – Die Geschichte der griechischen Poesie ist eine vollständige Naturgeschichte des Schönen und der Kunst, daher ist mein Werk – Ästhetik. Diese ist bisher noch nicht erfunden, sie ist das philosophische Resultat der Geschichte der Ästhetik und auch der einzige Schlüssel derselben.*

In dieser Feststellung liegen zwei Überzeugungen beschlossen, die es verdienen, näher beleuchtet zu werden, weil sie den damals für Schlegel charakteristischen Standpunkt als Literarhistoriker zum Ausdruck bringen. Zunächst bekundet sich hier jener Enthusiasmus des frühen Friedrich Schlegel, den Schiller in einem bekannten Xenion als «Graekomanie» verspottet hat, und der zum Teil wenigstens als Nachklang der Lektüre Winckelmanns verstanden werden kann. Tatsächlich bestehen zwischen Winckelmanns und Schlegels frühen Auffassungen gewisse Parallelen. Der Autor der «Geschichte der Kunst des Altertums» sah auf Grund seines Platonischen Ausgangspunktes die Schönheit als etwas Ideales, Göttliches an. Einmal wenigstens war aber die Schönheit auch für ihn vom Himmel herabgestiegen und hatte im klassischen Griechenland, unter einem heiteren Himmel, in einer herrlichen Landschaft, inmitten von schönen Geistern und Körpern Verwirklichung gefunden. Was Winckelmann hauptsächlich in der griechischen Plastik erreicht sah, fand Schlegel auch in der griechischen Poesie. Er sah die *Griechheit* als ein *Bild vollendeter Menschheit* und bezeichnete ihre Literatur als *Maximum und Kanon der natürlichen Poesie*, als *eine allgemeine Naturgeschichte der Dichtkunst, eine vollkommene und gesetzgebende An-*

schauung. «Niemals», sagte Rudolf Haym, «auch nicht in den verwandten Äußerungen Wilhelm von Humboldts, Schillers und F. A. Wolfs, sind die Griechen, ihre Bildung und ihre Poesie methodischer ins Unbedingte erhoben worden.»

Schlegel nennt auch den Grund, warum die griechische Bildung und Literatur diese absolute Vorrangstellung genießen, und gewährt dabei Einblicke in seine damalige Philosophie des Schönen. Schönheit ist für ihn das Resultat einer glücklichen Harmonisierung von zwei antagonistischen Trieben in der menschlichen Brust, von denen der eine in ungeschmälerter *Natur* verharren möchte, während der andere danach strebt, die Natur zu überwinden und die eigentlich menschliche Sphäre als ein Reich bloßer *Kultur* oder *Kunst* zu errichten. Schönheit ist, mit anderen Worten, das Resultat einer ästhetischen Erziehung, welche den tief eingewurzelten Dualismus des Menschen zur Versöhnung bringt. Dieser besteht darin, daß wir als geistige Lebewesen aus zwei verschiedenen Naturen zusammengesetzt sind – aus Sinnlichkeit und Vernunft, aus Trieb und Geist, Rezeptivität und Spontaneität, Notwendigkeit und Freiheit, *Tierheit* und *Menschheit.* Bleibt das Übergewicht auf seiten der Natur, dann gewinnt man zwar Ursprünglichkeit, Kraft und Fülle, aber die fehlende Form wird das Resultat als zügellos und barbarisch erscheinen lassen; herrschen Gesetzmäßigkeit und Einheit vor, dann wird das erzielte Produkt zwar Ordnung aufweisen, aber der Verlust der Lebensfülle wird es mit kalter, abstrakter Gleichförmigkeit stempeln. So erwächst die Bildungsaufgabe, den Antagonismus von Natur und Kultur, von Leben und Geist, *Fülle* und *Einheit* zu einer glücklichen Synthese zu bringen, deren Blüte die Schönheit ist. Es ist leicht ersichtlich, daß hier Gedanken lebendig sind, die ebenfalls in Schillers Abhandlung «Über Anmut und Würde», in dessen «Ästhetischen Briefen» wie auch in Kants ästhetischen Abhandlungen gefunden werden können und die darüber hinaus im Denkstil der deutschen Philosophie von damals allgemein vorherrschen. Mit einer plastischeren Benennung ließe sich dies Bildungsgesetz auch nach Nietzsches bekannter Dichotomie als Synthese des «Dionysischen» und «Apollinischen» bezeichnen. Jedenfalls nahm Schlegel – wie Nietzsche – an, daß den Griechen diese Aufgabe geglückt sei. Diesen *Menschen höhern Stils* war es gelungen, die größte Antinomie der Bildung zu meistern, die darin besteht, daß bloße Natur uns wild und lieblos macht, während reine Kunst uns blaß und schemenhaft werden läßt.

Das zweite Axiom, das Schlegels Untersuchungen zugrunde liegt, hängt mit diesen Überlegungen zusammen und kommt in der Behauptung zum Ausdruck, daß die scheinbar ganz auf die griechische

Literaturperiode eingeschränkten historischen Arbeiten in Wirklichkeit ein viel größeres Ziel verfolgen, nämlich eine vollständige Theorie des Schönen, eine umfassende Ästhetik zu konzipieren. Es wird also hier der Anspruch verfochten, daß die historische und die systematische Betrachtungsweise sich wechselseitig hervorbringen, daß die Geschichte von selbst zur Theorie umschlage, während die Theorie umgekehrt der *einzige Schlüssel* der Geschichte sei. Schlegel wollte sich also nicht mit einer bloß historischen Betrachtung geschichtlicher Erscheinungsformen zufrieden geben. Vielmehr suchte er ein *objektives System der praktischen und theoretischen ästhetischen Wissenschaften* und wollte die Ästhetik aus dem Zustand des Relativismus herausführen, in den sie geraten war.

Der Dreiklang der antiken Poesie: Homer – Sophokles – Pindar

Eine solche relativistische Auffassung des Schönen war zum Beispiel von Herder entwickelt worden, der das Schöne, das sich in einzelnen dichterischen Werken zeigt, so sehr als ein Produkt der besonderen historischen Situation bestimmt hatte, daß sich keine allgemeingültigen Gesetze mehr aus ihm ableiten ließen. «In Griechenland», hatte Herder gesagt, «entstand das Drama, wie es im Norden nicht entstehen konnte.» Wenn Schlegel nun die Idee entwickelte, daß die Geschichte der Poesie von selbst zu einer objektiven Theorie der Dichtkunst führen müsse, dann suchte er einerseits einen Standpunkt zu finden, der den Historismus Herders überwand. Gleichzeitig nahm er aber damit einen Gedanken vorweg, der als die Seele der Hegelschen Philosophie bezeichnet werden kann und sich so formulieren läßt, daß die Geschichte selbst die Verwirklichungsstätte des «Absoluten», im Sinne Hegels, und des *Objektiven,* im Sinne Schlegels, ist. Diese Idee liegt Schlegels frühen altertumswissenschaftlichen Studien bereits zugrunde, wenn sie auch keineswegs in der schulmeisterlichen Dialektik Hegels durchgeführt wird und sich hier noch ganz auf die Periode der griechischen Geschichte beschränkt. Aber dieser Wechselbezug zwischen Geschichte und System, Historie und Theorie, wird von Schlegel bereits im *Athenäum* auf das Ganze der Geschichte ausgedehnt, indem er dort die Geschichte *eine werdende Philosophie und die Philosophie eine vollendete Geschichte* nennt oder mit Bezug auf die Ästhetik kurz und bündig feststellt: *Die Kunst ruht auf dem Wissen, und die Wissenschaft der Kunst ist ihre Geschichte.*

So gliederte sich das erstrebte Werk von selbst in zwei Teile. Der erste sollte dem ästhetischen Thema *Schönheit und Dichtkunst* gewidmet sein, der zweite die *Geschichte der griechischen Poesie* enthalten. Schlegel hat diese beiden Themen in zwei Büchern behandelt, von denen er später bei der Aufnahme in seine gesammelten Werke sagen konnte, daß sie *von den Ersten und bedeutendsten Gelehrten in dieser Wissenschaft der Altertumskunde günstig aufgenommen* worden seien, wobei er sich auf sehr schmeichelhafte Äußerungen F. A. Wolfs und Chr. G. Heynes beziehen konnte.

Die Darstellung der griechischen Literaturgeschichte findet sich in einer Reihe von kleineren Abhandlungen und vor allem in dem 1798 bei Friedrich Unger erschienenen Buch *Geschichte der Poesie der Griechen und Römer.* Freilich ist von diesem Werk, in dem das epische, lyrische und dramatische Zeitalter der Griechen, ferner die alexandrinische und römische Literatur, behandelt werden sollte, nur des *ersten Bandes erste Abteilung* veröffentlicht worden, und die Darstellung bricht kurz nach der Entwicklung des epischen Zeitalters der griechischen Literatur ab. Wie Wilhelm Dilthey neigte Schlegel dazu, erste Bände zu veröffentlichen. Daß er aber damals den gesamten Stoff beherrschte, zeigt sich nicht allein in umfangreichen handschriftlichen Materialien, die uns heute einen Ersatz für die fehlenden Teile bieten, sondern vor allem in den Pariser Vorlesungen über die *Europäische Literatur* (1802–03), in denen das *Ganze der griechischen und römischen Literatur* in meisterhafter Zusammenschau entwickelt wurde.

Die tragende Idee bei der Darstellung der griechischen Literaturgeschichte liegt in dem bereits von Winckelmann und Herder formulierten Gedanken, daß die griechische Geschichte als ein *vollständiger Kreislauf* ein *Bild der ganzen Geschichte der Menschheit* vermittle. Dieser Zyklus läßt sich einmal, wie bei Herder, nach den natürlichen Gesetzen des Lebens, als Geburt, Wachstum, Reife, Senilität und Tod denken; er wird darüber hinaus auch nach den Prinzipien der ästhetischen Erziehung vorgestellt, indem im ionischen Epos ein Überwiegen der Natur bemerkbar ist, die dorische Lyrik eine Mittelstellung zwischen Natur und Ideal einnimmt, und im attischen Drama, vor allem bei Sophokles, das Ideal der Schönheit erreicht ist. Dann aber, nachdem die *schöne Vollendung* und der *Gipfel der Reife* erklommen war, ergriff die Hellenen *der eherne Arm des unerbittlichen Schicksals* und zwang sie, *wieder abwärts zu gehen auf der vorgezeichneten Bahn, nach ewigen Gesetzen eines großen Kreislaufs.* Nachdem schließlich die Schönheit seit Euripides nicht mehr vorhanden war, wurde bei den Alexandrinern *die Kunst zur Künstelei und verlor sich endlich in Barbarei.*

Im einzelnen zeichnen sich Schlegels Untersuchungen durch Charakteristiken der alten Dichter aus, in denen der Gelehrte mit dem Kunstverständigen eine selten erreichte Einheit gefunden hat. Digressionen in die Zusammenhänge zwischen dem literarischen und staatlichen Leben der Griechen, zwischen Republikanismus und tragischem Chor, wie auch Ausführungen über die Funktion der *Weiblichkeit* in der griechischen Welt weisen auf einen Kulturphilosophen von breiter Bildungslage. Insgesamt läßt sich sagen, daß diese Darstellung einen Bruch mit dem in Deutschland vorherrschenden klassizistischen Bild der Antike bedeutete, insofern dies von Winckelmanns bekanntem Diktum der «stillen Einfalt und edlen Größe» geprägt war. Wenn Schlegel unter der *Hoheit* der Griechen und ihrer *festlichen Freude* Urgründe von ekstatischem Taumel, musikalischem Rausch und orgiastischem Entzücken wahrnahm, wenn er glaubte, das Geheimnis ihrer Bildung beruhe auf einem naturhaften Trieb, der sich in kunstvoller Schönheit entlade, dann empfand er Züge des griechischen Wesens, die später von Jacob Burckhardt und Friedrich Nietzsche schrill hervorgehoben wurden.

Das «objektiv Schöne» der klassischen Kunst:
Kopf des Apoll von Belvedere. Rom, Vatikan

Das andere, systematische Thema, *Schönheit und Dichtkunst,* wurde in dem 1797 vom Hofbuchhändler Michaelis verlegten Buch *Die Griechen und Römer* aufgegriffen. Auch von diesem Werk ist nur der erste Band erschienen, der außerdem kleinere Abhandlungen wie die Aufsätze *Über die Diotima* und *Über die Darstellung der Weiblichkeit in den griechischen Dichtern* enthält, die früher bereits gesondert erschienen waren. Aber der bedeutende neue Beitrag zu diesem Buch war eine 250 Seiten füllende Abhandlung unter dem Titel *Über das Studium der griechischen Poesie.* Diese Studie hat Berühmtheit erlangt, weil sie mit der Unterscheidung von *objektiver* und *interessanter Poesie* eine ebenso handliche Aufgliederung der Dichtkunst anbot, wie Schiller sie mit den Begriffen der «naiven» und «sentimentalischen» Dichtung aufgestellt hatte. Sie ist darüber hinaus für die Geschichte der romantischen Schule wichtig geworden, weil in ihr Schlegels Zuwendung zur modernen Literatur erfolgt und hier bereits die Grundzüge seiner Charakteristik der romantischen Poesie entwickelt werden.

Freilich erfolgt der Heraustritt aus der «Graekomanie» in die moderne Welt nur mit größtem Widerstreben, und eher als eine Aufteilung der europäischen Literatur in eine klassische und eine moderne Phase läßt sich der Essay als eine Konfrontierung der Antike mit der Moderne verstehen, die völlig zum Vorteil der Alten ausfällt und ganz auf Kosten der *Neuern* geht. Warum die Klassiker Schlegels Zuneigung besaßen, wurde bereits geschildert. Hier schließt er ihre Vorzüge im Begriff des *Objektiven* zusammen, worunter das *wahrhaft Schöne* im Gegensatz zum *bloß Interessanten* zu verstehen ist, nämlich *Schönheit an sich selbst*, in gleichmäßiger Vollendung, deren *schöner Gliederbau auch nicht durch den kleinsten Mangel, den geringsten Überfluß gestört wird.* Urbilder dieser vollendeten und somit ruhigen Schönheit sind Homer für das Epos und Pindar für die Lyrik. Der absolute Höhepunkt tritt aber in der Tragödie mit Sophokles in Erscheinung, in dessen Gemüt *die göttliche Trunkenheit des Dionysos, die tiefe Erfindsamkeit der Athene, und die leise Besonnenheit des Apollo gleichmäßig verschmolzen* sind. *Hier ist auch nicht die leiseste Erinnerung an Arbeit, Kunst und Bedürfnis,* sagt Schlegel: *Wir werden das Medium nicht mehr gewahr, die Hülle schwindet, und unmittelbar genießen wir die reine Schönheit.*

In schroffem Kontrast hat die moderne – gelegentlich auch als *romantisch* bezeichnete – Dichtung, wie sie seit dem Ende des Mittelalters mit Dante in Erscheinung tritt, die Tendenz, sich in der Darstellung des Häßlichen, Grausamen, Zerreißenden zu gefallen. In einer wahren Anarchie der Ästhetik vermischen die modernen Autoren die klassischen Genres, indem ihre Schöpfungen nicht nur, wie im *lyrischen Drama,* die Grenzen unter den Gattungen der Dichtung aufheben, sondern bald didaktisches oder philosophisches, bald pittoreskes oder musikalisches Gepräge haben. Die Mode veranlaßt sie, *nach den üppigen Reizen eines wollüstigen Stoffes* zu greifen und, weil die *Seele leer* bleibt, immer schärfere *Stachel des Reizenden* zu erfinden, was schließlich in einer bloßen Darstellung *interessanter Individualität* Genüge findet. Im Gegensatz zur Bildung der Alten, die völlig *natürlich* war, ist die moderne Kultur ferner durch *Künstlichkeit* bestimmt, was sich in der ästhetischen Praxis besonders im Einfluß *dirigierender Begriffe des Verstandes* oder in der charakterlosen *Nachahmung* alter Modelle äußert. Während sich die griechische Poesie kraft ihres natürlichen Bildungsverlaufes zum Zyklus bog, läuft die moderne Poesie wegen der Unerreichbarkeit ihres Ideals, weil es *kein höchstes Interessantes gibt,* in eine unendliche Progression aus. Insgesamt betrachtet, zeigt sich in der Moderne *das totale*

Der Dreiklang der modernen Poesie:

Übergewicht des Charakteristischen, Individuellen und Interessanten und *endlich das rastlose unersättliche Streben nach dem Neuen, Piquanten und Frappanten, bei dem dennoch die Sehnsucht unbefriedigt bleibt.* So läßt sich fast jedes Prädikat auf die moderne Poesie anwenden, *nur nicht das Schöne.* Alle diese Eigenschaften bekunden sich aber am vollendetsten in Shakespeare, der *die reizendsten Blüten der Romantischen Phantasie, die gigantische Größe der gotischen Heldenzeit, mit den feinsten Zügen moderner Geselligkeit, mit der tiefsten und reichhaltigsten poetischen Philosophie* vereinigt. Schlegel sagt: *Man darf ihn ohne Übertreibung den Gipfel der modernen Poesie nennen.*

Nun wollte Schlegel mit seinem Essay nicht allein historische Formen der Dichtung klassifizieren, sondern Theoretiker, Programmatiker der Literatur sein. Er glaubte, mit dieser Untersuchung *dem Gange der ästhetischen Kultur auf die Spur gekommen zu sein, den Sinn der bisherigen Kunstgeschichte glücklich erraten und eine große Aussicht für die künftige gefunden zu haben.* Auch bei diesem Ziel blieb seine Literaturkritik historisch orientiert und suchte das Modell für die zukünftige Entwicklung in einer konkreten Gestalt, in Goethe. Nachdem der mit Sophokles erreichte Höhepunkt der objektiven Poesie versunken war, hatten Dante und – charakteristischer noch – Shakespeare die interessante Poesie zum Gipfel der Vollendung geführt. Während aber das Erbe Shakespeares in den Händen mittelmäßiger Nachfahren verkümmerte, zeigte Goethe eine *neue Stufe der ästhetischen Bildung,* auf der sich die bisher getrennten Errungenschaften des *Objektiven* und *Interessanten* vermählten. Dieser Grieche im sentimentalischen Zeitalter vermochte antiken Geist in moderne Hülle zu kleiden und moderne Individualität mit klassischer Natur zu umgeben. Sein Beispiel gibt dem Literaturkritiker die Mittel in die Hand, die ästhetische Bildung an jenen *entscheidenden Punkt* zu führen, *wo sie sich selbst überlassen nicht mehr sinken, sondern nur durch äußere Gewalt in ihren Fortschritten auf-*

gehalten werden kann. Indem Goethe seinen Platz *in der Mitte zwischen dem Interessanten und dem Schönen, zwischen dem Manirierten und dem Objektiven* nahm, führte er *aus der Krise des Interessanten* heraus. Deshalb sagt Schlegel: *Göthens Poesie ist die Morgenröte echter Kunst und reiner Schönheit.*

Nachdem Schlegel im Dezember 1795 das Manuskript seinem Verleger übergeben hatte, kam ihm im Januar 1796 der gerade in den «Horen» erschienene zweite Teil von Schillers Abhandlung «Über naive und sentimentalische Dichtung» in die Hände, und es läßt sich denken, daß es in ihm *innerlich* kochte und brodelte. Neben vielen gemeinsamen Themen stieß er nämlich in Schillers Studie auch auf Ausführungen, die ihm deutlich machten, daß seine eigene Theorie an einigen Stellen noch nicht genügend durchdacht war, daß er vor allem bei der Charakterisierung der modernen Poesie zu sehr zwischen Anziehung und Kritik hin- und hergerissen worden war und sie schließlich doch der klassischen Poesie untergeordnet hatte. Vor allem mußte ihm eine These Schillers zu denken geben, die im Gegensatz zu den üblichen Über- und Unterordnungsversuchen unmißverständlich die Gleichberechtigung der alten und modernen Poesie zum Ausdruck brachte. «Wenn man den Gattungsbegriff

der Poesie zuvor einseitig aus den alten Poeten abstrahiert hat, so ist nichts leichter, aber auch nichts trivialer, als die modernen gegen sie herabzusetzen», hieß es dort: «Wenn man nur das Poesie nennt, was zu allen Zeiten auf die einfältige Natur gleichförmig wirkte, so kann es nicht anders sein, als daß man den neuern Poeten gerade in ihrer eigensten und erhabensten Schönheit den Namen der Dichter wird streitig machen müssen ... Keinem Vernünftigen kann es einfallen, in demjenigen, worin Homer groß ist, irgendeinen Neuern ihm an die Seite stellen zu wollen ... Ebensowenig aber wird irgendein alter Dichter und am wenigsten Homer in demjenigen, was den modernen Dichter charakteristisch auszeichnet, die Vergleichung mit demselben aushalten können. Jener, möchte ich ausdrücken, ist mächtig durch die Kunst der Begrenzung; dieser ist es durch die Kunst des Unendlichen.»

Zwar entsprach diese Feststellung genau Schlegels eigenen Intentionen, da es ihm ja gerade darum ging, das *Wesentlich-Moderne* und das *Wesentlich-Antike* herauszuarbeiten, das in Goethe eine harmonische Synthese gefunden hatte. Bereits am 24. Februar 1794 hatte er seinem Bruder den Grundriß seiner kritischen Studie entwikkelt, wenn er sagte: *Das Problem unsrer Poesie scheint mir die Vereinigung des Wesentlich-Modernen mit dem Wesentlich-Antiken; wenn ich hinzusetze, daß Goethe, der erste einer ganz neuen Kunstperiode, einen Anfang gemacht hat, sich diesem Ziele zu nähern, so wirst Du mich wohl verstehen. Wenn Du den Geist des Dante, vielleicht auch des Shakespeare erforschest und lehrest, so wird es leichter sein, dasjenige was ich vorhin das Wesentlich-Moderne nannte, und was ich vorzüglich in diesen beiden Dichtern finde, kennen zu lernen.*

Aber in Schlegel mußten Zweifel erwachsen, ob die gleichberechtigte Stellung des *Wesentlich-Modernen* auch in seiner Abhandlung genügend Ausdruck gefunden hatte, ob sie nicht bei seiner «Graekomanie» zu kurz gekommen war. Da sich die Abhandlung nicht mehr ändern ließ, suchte er in einer nachträglich geschriebenen Vorrede die Gewichte gerechter zu verteilen und bat die *Freunde der modernen Poesie*, sie möchten den Essay *nicht als mein Endurteil über die moderne Poesie mißdeuten, und sich mit der Entscheidung, daß mein Geschmack einseitig sei, wenigstens nicht übereilen: Schillers Abhandlung über die sentimentalen Dichter hat außer daß sie meine Einsicht in den Charakter der interessanten Poesie erweiterte, mir selbst über die Grenzen des Gebiets der klassischen Poesie ein neues Licht gegeben. Hätte ich sie eher gelesen, als diese Schrift dem Druck übergeben war, so würde besonders der Abschnitt von dem Ursprunge, und der ursprünglichen Künstlichkeit der modernen Poesie ungleich weniger unvollkommen geworden sein.*

Unzutreffend wäre aber die Annahme, die vielfach vertreten worden ist, daß sich Schlegels Verhältnis zur modernen Poesie unter dem Einfluß Schillers so sehr geändert hätte, daß die modernen Autoren von nun an die Klassiker verdrängt und mit ihren Charakterzügen das Modell für die Theorie des Romantischen gebildet hätten. Vielmehr bestimmt der Grundriß des Schlegelschen Literaturprogramms, wie er in diesem Essay zum Ausdruck kommt, auch die Theorie der romantischen Poesie, die im *Athenäum* verkündet wird. Hier wie dort wird die große Aufgabe darin gesehen, Natur und Kunst, Realität und Idealität zu vereinigen, Naivität zur Absicht und Willkür zum Instinkt zu machen – eine Haltung, die zunächst nur in der Ironie möglich erscheint. Übrigens hätte sich Schlegel bei diesem ästhetischen Postulat auf Goethe selbst berufen können, der in einem Essay von 1788 über «Einfache Nachahmung, Manier, Stil» ganz ähnlich eine Synthese des Objektiv-Natürlichen (Nachahmung) und Subjektiv-Künstlichen (Manier) im Stil nahelegte und es in der Einleitung zu den «Propyläen» als die seltenste Gabe bezeichnete, «daß ein Künstler sowohl in die Tiefe der Gegenstände als in die Tiefe seines eignen Gemüts zu dringen vermag, um in seinen Werken nicht bloß etwas leicht und oberflächlich Wirkendes, sondern, wetteifernd mit der Natur, etwas Geistig-Organisches hervorzubringen und seinem Kunstwerk einen solchen Gehalt, eine solche Form zu geben, wodurch es natürlich zugleich und übernatürlich erscheint».

DIE ENTSTEHUNG DER ROMANTISCHEN SCHULE (1796–1797)

Der Eifer, mit dem Friedrich Schlegel in Dresden aushielt, bezog seine Kraft nicht allein aus der Liebe zum Werk, sondern rührte auch daher, daß Charlotte und Ludwig Ernst den Leipziger Gläubigern eine Aufenthaltsgarantie für ihren verschuldeten Schwager ausgestellt hatten. In Wirklichkeit hätte Schlegel Dresden gern verlassen, und hauptsächlich war es ihm darum zu tun, in der Nähe seines Bruders zu sein. Diesem war es wiederum unmöglich, nach Dresden zu kommen, weil die sächsischen Minister «bestimmt erklärt» hatten, Carolines Aufenthalt in der Metropole nicht zu dulden.

Da wurde Schlegels *unverrücktes Ziel*, sich auf längere Zeit mit dem Bruder zu vereinigen, plötzlich realisierbar, als August Wilhelm Schlegel im Dezember 1795 von Schiller eingeladen wurde, als Mitarbeiter an den «Horen» und der «Allgemeinen Literaturzeitung» nach Jena zu kommen, und er selbst mit beträchtlichen Vorschüssen von seinen Verlegern die Leipziger Schulden decken konnte. Im Sommer 1797 begab er sich auf den Weg zu seinem Bruder. Dieser hatte am 1. Juli 1797 Caroline geheiratet und wirkte als Literaturkritiker in Jena, wo er 1798 zum außerordentlichen Professor ernannt wurde. Schlegel besuchte zunächst seinen Freund Novalis in dem nahe bei Jena gelegenen Weißenfels. *Morgen früh gehe ich zu Fuß nach Weißenfels,* schrieb er am 28. Juli 1796 aus Leipzig: *Den Tag meiner Ankunft in Jena kann ich noch nicht bestimmen. Doch könnte es leicht sein, daß ich noch nach meinem Koffer käme.* Schlegels Ankunft in der dicht bei Weimar befindlichen Universitätsstadt vollzieht sich gleichzeitig mit seinem Auftreten in der deutschen Literatur und Philosophie von damals. Der erste Akt dieses Vorganges bestand in der ausbrechenden Feindschaft mit Schiller.

Man geht sicher nicht fehl, wenn man in Caroline den Grund dafür sieht, daß die Haltung der Brüder Schlegel gegenüber Schiller damals in ätzende Kritik und ironischen Spott umschlug. Sie schärfte den Brüdern den Blick für das Moralisierende und Pathetische in Schillers dichterischen Werken. «Schillers ‹Musenkalender› ist auch da», berichtete sie zu einem späteren Zeitpunkt, am 21. Oktober 1799 ihrer Tochter Auguste, «über ein Gedicht von Schiller, das Lied von der Glocke, sind wir gestern Mittag fast von den Stühlen gefallen vor Lachen.» Während Friedrich Schlegel große Bewunderung vor Schillers ästhetischen und philosophischen Aufsätzen hegte, hatte er noch in Dresden eine Rezension von Schillers «Musenalmanach» auf 1796 verfaßt, in welcher er insbesondere den etwas schief geratenen

Idealismus von Schillers Gedicht «Würde der Frauen» mit beißender Satire bedachte. *Auch hier ist die Darstellung idealisiert,* hatte er über dies Gedicht gesagt, *nur in verkehrter Richtung, nicht aufwärts, sondern abwärts, ziemlich tief unter die Wahrheit hinab. Männer, wie diese, müßten an Händen und Beinen gebunden werden; solchen Frauen ziemte Gängelband und Fallhut.* Auch hatte es Schlegel in dieser Rezension als *lehrreich und unterhaltend* bezeichnet, *Schiller und Goethe neben einander zu stellen ... wenn man nicht bloß nach Antithesen hascht, sondern nur zur bestimmtern Würdigung eines großen Mannes auch in die andre Schale der Waage ein mächtiges Gewicht legt.* Aber er hatte hinzugefügt, es wäre *unbillig, jenen mit diesem ... als Dichter zu vergleichen.*

Daß diese Rezension keinen günstigen Auftakt für Schlegels Aufenthalt in Jena bedeutete, läßt sich begreifen. «Daß Goethe der weitaus größere Dichter sei, wußte und anerkannte Schiller wohl selber auch», sagte Josef Körner, «aber man kann verstehen, daß er es nicht jeden Tag und aus jedermanns Munde hören wollte.» Noch bevor Schlegel in Jena eintraf, hatte Schiller mit dem jungen Kritiker in dem Xenien-Almanach abgerechnet und 19 Epigramme auf Friedrich Schlegel gemünzt, in denen nicht nur dessen griechische Arbeiten

Jena: Die Universität. Kupferstich von C. Junghans

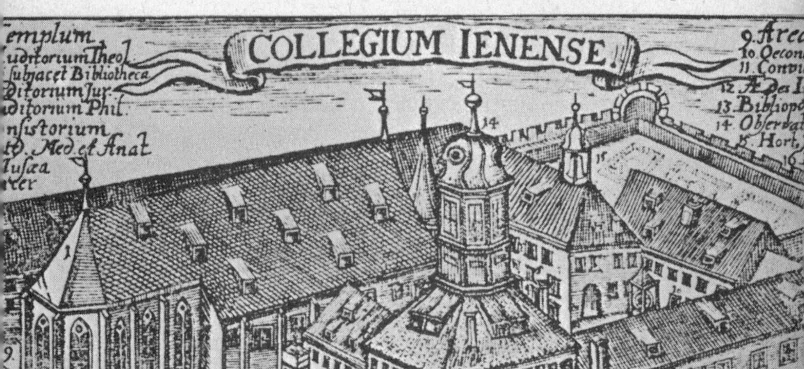

verspottet wurden, sondern eine direkte Kriegserklärung enthalten war, wenn es im Xenion 773 heißt:

Lange neckt ihr uns schon, doch immer heimlich und tückisch.
Krieg verlangt ihr ja; führt ihn nun offen, den Krieg.

Dennoch hätte sich aus diesem Stand der Beziehungen keine Feindschaft Friedrich Schlegels ergeben müssen, der sich an Schillers *klassischer Frechheit,* wie er sagte, *königlich ergötzt* hatte und Schiller während ihrer Zusammenkünfte *anschaulich zu beweisen suchte, daß ich jenes so aufgenommen, wie ich mußte und es auch ohne Affektazion wirklich aufgenommen hatte.*

Schiller scheint anfangs von Schlegel angenehm überrascht gewesen zu sein, da er am 8. August 1796 an Goethe schrieb: «Schlegels Bruder ist hier; er macht einen recht guten Eindruck und verspricht viel.» Aber Schlegel stellte bald auf seiten Schillers *eine so kindische Empfindlichkeit* fest, daß er fürchtete, er *werde nie wieder mit ihm in ein gutes Vernehmen kommen.* Eigentlich hatte er schon während seiner Reise die Befürchtung gehabt, *in Jena auf der Liste der gens suspects* zu stehen. Jener Publizist nämlich, dem er sich in Leipzig angeschlossen hatte und der ihn von seinen Geldsorgen erlöste, Johann Friedrich Reichardt, galt mit der von ihm geleiteten Zeitschrift «Deutschland» als einer der entschiedensten Gegner Schillers. *Eine Art Haß* gegen Schiller, den Schlegel mit Erschrecken bei Reichardt wahrnahm, vor allem aber seine eigene Verbindung mit dieser Zeitschrift erweckten die Sorge, nun in eine *gelehrte Fakzion* hineingeraten zu sein. Als Schlegel diese Befürchtung bestätigt fand und feststellte, daß Schiller unangenehmen Klatsch über ihn verbreitete, sein Ansehen bei Goethe herabzusetzen suchte und den für die «Horen» verfaßten Aufsatz *Caesar und Alexander* in kränkender Absicht liegenließ, entschloß er sich, ein Verhältnis nicht wieder anzuknüpfen, *was wegen der gänzlichen Verschiedenheit doch nicht bestehen könnte,* und Lob und Tadel von nun an *so stark zu sagen als ich sie empfinde.* In Reichardts «Deutschland» rezensierte er Schillers «Horen» und sagte über den letzten Jahrgang von 1796 in scheinbar beiläufigen Schlußsätzen: *Die in diesem Jahre zu den Mitarbeitern der Horen neu hinzugekommenen Schriftsteller sind: v. Knebel, Gerber, Reinwald, Horner, Kosegarten, Bürde, Halem, Fr. Brun und Boje. Die Übersetzungen in diesem Jahrgange betragen, wenn man den Theoderich, um billig zu sein, zur Hälfte auch für eine Übersetzung rechnet ... ungefähr anderthalb Alphabet und zwei Bogen, also beinahe die Hälfte des Ganzen. Man hat vortreffliche, mittelgute und auch schlechte Originale aus dem Französischen, Englischen, Italieni-*

schen, Lateinischen und dem Griechischen vortrefflich, auch mittelmäßig und auch schlecht übersetzt.

Schiller, der keine Möglichkeit hatte, den jüngeren Schlegel zu treffen, nahm diese Rezension zum Anlaß, um seine literarischen Verbindungen mit August Wilhelm Schlegel aufzukündigen. «Es hat mir Vergnügen gemacht», schrieb er am 31. Mai 1796 empört an diesen, «Ihnen durch Einrückung Ihrer Übersetzungen aus Dante und Shakespeare in die Horen zu einer Einnahme Gelegenheit zu geben, wie man sie nicht immer haben kann. Da ich aber vernehmen muß, daß mich Herr Friedrich Schlegel zu der nämlichen Zeit, da ich Ihnen diesen Vorteil verschaffe, öffentlich deswegen schilt, so werden Sie mich für die Zukunft entschuldigen. Und um Sie ... von einem Verhältnis frei zu machen, das für eine offene Denkungsart und eine zarte Gesinnung notwendig lästig sein muß, so lassen Sie mich überhaupt eine Verbindung abbrechen, die unter so bewandten Umständen gar zu sonderbar ist und mein Vertrauen zu oft schon kompromittierte.» Goethe, dem dieser abrupte Bruch unsympathisch war, suchte, wie er in einem rückblickenden Brief an Zelter vom 20. Oktober 1831 sagte, «in unserm engen Kreise wenigstens soziale Verhältnisse zu vermitteln». Dennoch datiert von diesem Zeitpunkt an der scharfe Gegensatz zwischen Schiller und den Brüdern Schlegel, der im Gefolge des breiten Nachhalls der romantischen Bewegung dazu geführt hat, daß Schillers Werk stets eine zwiespältige Beurteilung in Deutschland erfahren hat.

Neben diesem Streit ist Schlegels erster Aufenthalt in Jena auch durch positive Begegnungen bestimmt. Der Besuch in Weißenfels hatte die Freundschaft mit Novalis wiederbelebt. Schlegel hatte den Freund voll von Philosophie, Fichte und Spinoza, angetroffen, und dieser hatte ihm in seiner Einladung am 8. Juli 1796 geschrieben: «Mein Lieblingsstudium heißt im Grunde wie meine Braut. Sophie heißt sie – Philosophie ist die Seele meines Lebens.» So wurden durch Novalis Schlegels philosophische Interessen neu angeregt, und er fand nun zum erstenmal einen Partner, dem er jene philosophischen Aufzeichnungen vorlegen konnte, die er seit 1794 jahrgangsweise in Hefte eingetragen hatte. Der sich damals entwickelnde Briefwechsel kann mit einem Lieblingsausdruck Friedrich Schlegels ein *Symphilosophieren* genannt werden; er war auch von *geschriebenen Paketen*, von *philosophischen Heften* Schlegels begleitet, die Novalis mit «Repliken und Additamenta» und später mit eigenen Heften, die «viel Theosophie und Alchemie» enthielten, beantwortete. Als im April 1797 des Freundes junge Braut starb, sandte Schlegel ihm zum Trost die gerade erschienene «Romeo und Julia»-Übersetzung seines Bruders und bemerkte dazu: *Wär ich bloß Körner, so würd ich sa-*

Die «Dioskuren der Kritik»: Schattenrisse von August Wilhelm und Friedrich Schlegel

gen: «Das kann Goethe doch nicht machen!» Da ich aber Friedrich Schlegel bin, so sag ich Dir: «Freund, dies ist mehr als Poesie».

Das Hauptthema in Schlegels frühen philosophischen Heften ist Fichte, und während der Jenaer Zeit übte Fichte den wichtigsten Bildungseinfluß auf den sich nun entwickelnden Theoretiker der Romantik aus. Schlegel hatte noch vor seinem Aufbruch am 17. August 1795 dem Bruder aus Dresden geschrieben: *Der größte metaphysische Denker, der jetzt lebt, ist ein sehr populärer Schriftsteller ... Vergleiche die hinreißende Beredsamkeit dieses Mannes in den Vorlesungen über die Bestimmung des Gelehrten mit Schillers stilisierten Deklamationsübungen. Er ist ein solcher, nach dem Hamlet vergebens seufzte: jeder Zug seines öffentlichen Lebens scheint zu sagen: dieß ist ein Mann.* Freilich drängte Schlegel von Anfang an über die Grenzen der Fichteschen Wissenschaftslehre hinaus, die er um romantische Elemente der Bewußtseinstheorie wie Liebe, Genialität, Gesellschaft, Bildung, Witz oder Kunst bereichert sehen wollte. Schle-

gels wesentlicher Einwand gegen Fichte besteht in dem Vorwurf einer zu großen Einförmigkeit der Seinsauffassung und drängt sich in die These zusammen: *Die größte Inkonsequenz im Fichte ist, daß das reine Sein lebendig sein soll und doch ohne Mannigfaltigkeit.* Aber den Grundgedanken der Philosophie Fichtes, den Schlegel in der Ausbildung der *genetischen Methode,* in der Erklärung der Erscheinungen aus ihrem Werden, in der Zurückweisung des «stehenden Seins» zugunsten des «fortfließenden Lebens» erblickte, hat er sich zueigen gemacht und in einer originalen Abwandlung zu einer historisch begründeten Geisteswissenschaft ausgebaut, die vielleicht das wichtigste Resultat in Schlegels frühen philosophischen Heften und gleichzeitig das Fundament für seine Theorie der romantischen Literatur und Kritik ist.

In Jena trat Schlegel auch in eine enge, freundschaftliche Beziehung mit Fichte. *Auf heute abend bin ich zu Fichte gebeten,* teilte er Novalis am 9. August 1796 mit: *Ich sah ihn nur noch. Ich weiß nicht*

Scharfe Polemiken gegen Schiller und enthusiastischer Preis Goethes bestimmen das Auftreten der Brüder Schlegel als Kritiker. (Das Goethe-Schiller-Denkmal in Weimar)

wie es kam: ich war verlegen, und wir sprachen nur von gleichgültigen Dingen. Am 24. Mai 1797 konnte er aber berichten: *Ich werde immer mehr Fichtes Freund. Ich liebe ihn sehr, und ich glaube es ist gegenseitig. – Könnt ich ihm nur den ganzen Plunder meiner Hefte zeigen! Ach, daß man in der Welt so klug sein muß! – Er würde sie doch nicht verstehen.* Auch Schellings «Philosophie der Natur» wurde seit Mai 1797 in dem Briefwechsel mit Novalis diskutiert, nachdem Schlegel bereits am 30. Januar 1797 Körner mitgeteilt hatte: *Wenn Ihnen Schelling unbekannt sei, so versäumen Sie ja nicht seine Bekanntschaft zu machen. Ich setze ihn auf dem philosophischen Parnaß gleich nach Fichte.* Aber Schlegels geistiges und persönliches Verhältnis zu Schelling ist immer schwankend gewesen und hat erst zwei Jahre später in dem gemeinschaftlich mit Novalis entwickelten Projekt einer «romantischen Naturphilosophie» ein Echo gefunden.

Die Bedeutung Goethes für das heranreifende romantische Literaturideal wurde bereits geschildert. Tatsächlich zählt es zu den größten literaturkritischen Leistungen der Brüder Schlegel, daß sie als erste den dichterischen Rang, den Goethe nach der Italienreise erworben hatte, begriffen und dem literarischen Bewußtsein ihrer Zeit einprägten. Goethe, der bis zum Auftreten der Brüder Schlegel hauptsächlich als Dichter des «Werther» und «Götz» galt, verstand selbst am besten, welchen Wert diese scharfsichtigen Kritiker für das Verständnis seines Schaffens hatten. Er sah der Ankunft August Wilhelm Schlegels mit freudiger Erwartung entgegen, obwohl er – wohl wegen Caroline – befürchtete, «daß er einige demokratische Tendenz haben mag». Bald stellte sich ein fruchtbarer, geselliger Verkehr her, und nachdem Friedrich Schlegel in Jena eingetroffen war, verzeichnete Goethe in seinen Tagebüchern wiederholt die Namen der beiden Brüder. Josef Körner glaubte, seit diesen persönlichen Begegnungen eine gewisse Dämpfung in Friedrich Schlegels Goethe-Enthusiasmus wahrzunehmen, die möglicherweise aus der Erfahrung dessen herrührte, was Schiller nach seiner ersten Bekanntschaft mit Goethe zunächst als zu große Sinnlichkeit in dessen Denken empfunden hatte und Schlegel in späteren handschriftlichen Fragmenten gern *Empirismus* oder eine *Mischung aus Racine und Voltaire* nannte. Auch mag Schlegel damals schon ein gewisser hoheitsvoller Zug an Goethe aufgefallen sein, der in denselben Fragmenten von 1800 mit der Bezeichnung *marmorner Gott* umschrieben wird. Von einem Abrücken von Goethe kann aber zu diesem Zeitpunkt keineswegs die Rede sein. Vielmehr wird das höchste Lob Goethes erst im *Athenäum* verkündet, und in dieser Zeit stand auch Goethe selbst in der engsten Verbindung mit den von ihm so genannten «Dioskuren», was sich unter anderem darin äußerte, daß er August Wilhelm Schlegel als

Die Vorläufer der romantischen Kritik:

Experten der Metrik bei den «Römischen Elegien» und Friedrich Schlegel als gelehrten Altphilologen für den Plan der «Helena» konsultierte. Daß Goethe allen gegenteiligen Äußerungen Schillers zum Trotz den Romantikern freundschaftliches Wohlwollen entgegenbrachte, quittierte dieser im Juni 1802 mit dem Satz: «Es ist seine Krankheit, sich der Schlegels anzunehmen.» Aber Goethe handelte sicher auch aus Klugheit und ließ sein eigenes Urteil nur selten in Erscheinung treten. Als ihn Wieland im Januar 1799 fragte, wie er sich von den Schlegels nur so ekelhaft loben lassen könne, antwortete er: «Man muß sich das ebenso gefallen lassen, als wenn man aus vollem Halse getadelt wird.» Und als Christine Reinhard im Juli 1807 nach seinem «Urteil über die Schlegel» fragte, ließ er ihr in humorvoller Zurückhaltung ausrichten, «daß er das Urteil der ganzen Welt unterschreibe, denn wenn man alles, was diese Gutes und Böses gesagt habe, zusammen addiere, so würde das Fazit, das herauskäme: Wilhelm und Friedrich Schlegel heißen».

Unter Schlegels literarischen Werken in Jena ragen nun auch rein philosophische Abhandlungen hervor. Die Studie *Der neue Orpheus*, in der er die Angriffe von Goethes Schwager Schlosser

auf die kritische Philosophie widerlegte, hat Kant viel Vergnügen bereitet; und in der Rezension von Fichtes und Niethammers «Philosophischem Journal», dessen Mitarbeiter er geworden war, soll Schlegel nach Josef Körner «das erste starke und treffende Wort über die Wissenschaftslehre» gesagt haben. In Abhandlungen *Über Concordet* und *Über den Begriff des Republikanismus* stellte er sein damaliges politisches Ideal dar, das Goethe direktes Entsetzen eingeflößt haben müßte, wenn dieser schon bei August Wilhelm Schlegel Ansätze von Demokratismus befürchtete. Denn der *Begriff des Republikanismus*, den Schlegel hier im Gegensatz zu Kants repräsentativem Staat entwickelte, stellt die reine, unmittelbar aus dem Volk hervorgehende Demokratie als Ideal auf, als deren Vorbild die nicht repräsentativen Republiken des Altertums bezeichnet wurden, denen Kant bekanntlich den republikanischen Charakter abgesprochen hatte. Auch mit der Idee eines Völkerbundes, die Kant zur Beförderung des «ewigen Friedens» postuliert hatte, gab sich Schlegel nicht zufrieden. Vielmehr entwickelte er aus dem Begriff der Volksdemokratie die Forderung einer Art republikanischer Internationale und suchte die Idee der Weltrepublik, die sich aus einer Vielzahl nationaler Republiken zusammensetzte, als theoretisch wünschenswert und praktisch durchführbar zu erweisen. Mit diesen Studien wandte sich Schlegel zum erstenmal der Politik und Gesellschaftslehre zu. «Erst durch die Romantik», sagte Jakob Minor, «hat unsere Literatur gesellschaftlichen Charakter erhalten, und Friedrich Schlegel war es, der aus dem Fichteschen Grundsatze ‹das Ich soll sein› den Satz ableitete: ‹das Ich soll sich mitteilen› ... Ihm vor allem dankt die Romantik (theoretisch wenigstens) ihren gesellschaftlichen Charakter.»

Daneben verfaßte Schlegel in Jena auch eine Reihe von literaturkritischen Abhandlungen, unter denen vor allem die Studien *Jakobi's Woldemar, Georg Forster, Über Lessing* einen bislang in Deutschland unbekannten Stil des Rezensierens bekunden. Während Kritiker im Gefolge Lessings und Schillers ihr literarisches Urteil gern mit einer ausführlich entwickelten ästhetischen Theorie begründet hatten oder unter dem Einfluß Herders den persönlichen Eindruck herauszuarbeiten suchten, hoben Schlegels Kritiken die *Individualität* des besprochenen Gegenstandes hervor, der in *genetischem Erklären* bis in die letzten Verzweigungen nachgegangen wird, um den verschlungenen Sinnzusammenhang aufzuweisen. Schlegel hat diese neue Form der Kritik *Charakteristik* genannt und ist dabei zweifellos von Fichte geleitet worden. Fichtes Methode, geistige Erscheinungen aus ihrem Werden zu erklären, die Schelling auf den Bereich der Natur und Hegel auf das Gebiet der Geschichte übertrugen, wurde von Schlegel zur Charakteristik künstlerischer Phänomene weiterentwickelt, wobei es für die methodische Grundhaltung gleichgültig blieb, ob einzelne Werke (Goethes «Wilhelm Meister» zum Beispiel), bestimmte Autoren (Shakespeare) oder ganze Epochen (antike und moderne Poesie) charakterisiert wurden. *Nichts Leichtes ist es,* sagt Schlegel in seiner Arbeit über Lessing von 1804, *die Entwicklung auch nur eines Gedankensystems und die Bildungsgeschichte auch nur eines Geistes richtig zu fassen und wohl der Mühe wert, wenn es ein origineller Geist war. Es ist nichts schwerer, als das Denken eines anderen bis in die feinere Eigentümlichkeit seines Ganzen nachkonstruieren, wahrnehmen und charakterisieren zu können... Und doch kann man nur dann sagen, daß man ein Werk, einen Geist verstehe, wenn man den Gang und Gliederbau nachkonstruieren kann. Dieses gründliche Verstehen nun, welches, wenn es in bestimmten Worten ausgedrückt wird, Charakterisieren heißt, ist das eigentliche Geschäft und innere Wesen der Kritik.*

Von diesen Charakteristiken ist die Studie über Lessing berühmt geworden, weil Schlegel darin unter Preisgabe von Lessings dichterischem Werk die Erbschaft des Kritikers für die werdende romantische Schule, insbesondere für sich selbst und seinen Bruder in Anspruch nahm. Der Aufsatz über Jacobis «Woldemar» ist der erste öffentliche Ausdruck eines intensiven Interesses an einem Autor, mit dem sich Schlegel sein Leben lang auseinandergesetzt hat und den er später mit Kant, Schelling und Fichte zu den *vier Systemhäuptern* der deutschen Philosophie von damals rechnete. Schon hier wird Jacobi als subjektivistischer Gefühlsmetaphysiker bestimmt, der das Wissen dem Glauben aufopferte. Die Charakteristik schließt mit der zum geflügelten Wort gewordenen Formulierung von Jacobis «Salto mortale in den Abgrund der göttlichen Barmherzigkeit» – einer Sentenz, die Schlegel von Jacobi aufgriff, dann aber von Kritikern auch auf seine eigene Spätphilosophie angewandt wurde.

Während die Charakteristik Jacobis noch in Reichardts «Deutschland» erschien, wurden die anderen Studien bereits in einer neuen

Zeitschrift veröffentlicht, die Reichardt unter dem Titel «Lyceum der schönen Künste» in Berlin begründet hatte. In diesem Organ erschien noch im Jahre 1797 eine Sammlung von 127 *Kritischen Fragmenten,* in denen Schlegel unabhängig von historischen Studien und charakterisierenden Ambitionen, oft in bloßen Anderthalbzeilern, über literarische und philosophische Themen frei reflektierte. Es gilt als Schlegels schriftstellerische Leistung, unter dem Eindruck der geschliffenen Worte Chamforts die Form des Fragments in die deutsche Literatur eingeführt zu haben. Dies Medium war für ihn selbst aber gleicherweise eine Not wie eine Tugend. Neben philosophischen Heften hatte Schlegel in Jena auch literarische Notizbücher angelegt, in die er den *unaufhaltsamen Strom* seiner Gedanken mit knappen Wendungen festhielt. Vor die verzweiflungsvolle Aufgabe gestellt, die sich hier in *ständigem Werden,* in ewig neuen *Explosionen* abzeichnenden Ideen mitzuteilen, entschloß sich Schlegel, seine Gedanken in ihrem Entstehungszustand zu publizieren und aus dem überreichen Material die schönsten Gemmen herauszuschneiden. Diese Fragmente haben den Ruhm erlangt, daß sich in ihnen zum erstenmal jenes Literaturideal abzeichnete, das man später das romantische genannt hat.

Berlin zur Zeit der Jahrhundertwende

DIE EPOCHE DER LUCINDE
(1797–1799)

Bei seinen konziliatorischen Bemühungen fand Goethe bald heraus, daß das größte Hindernis für eine versöhnlichere Haltung Schillers in Friedrich Schlegel lag, den er später selbst einmal «den immer Hetzenden und immer Gehetzten und eine rechte Brennessel» nannte. Wahrscheinlich hat Goethe auf einem Morgenspaziergang am 10. Juni 1797 Friedrich Schlegel geraten, Jena zu verlassen. Mitte Juni begab sich Schlegel als Mitarbeiter von Reichardts «Lyceum» nach Berlin. Oskar Walzel faßte die Bedeutung des Jenaer Jahres in die Worte: «Das Resultat des Jenenser Aufenthaltes ist in kurzem: Friedrich findet den Standpunkt, von dem aus er das Programm der Romantik verkünden kann.» In Berlin wurde er das Zentrum eines eigenen literarischen Zirkels, in dem Schleiermacher, Dorothea Veit und Ludwig Tieck die wichtigsten Gestalten waren. Indem Schlegel diesen Berliner Kreis mit seinem Bruder, Caroline und Novalis zu einer lebendigen geistigen Gemeinschaft führte, wurde er zur tragenden Kraft einer Gruppe von Autoren, die man gewöhnlich als die erste romantische Schule bezeichnet.

Als Schlegel Ende Juli 1797 in Berlin eintraf, war er 25 Jahre alt und bereits einer der berühmtesten Autoren seiner Zeit. Kurz nach seiner Ankunft trat er der «Mittwochsgesellschaft» bei, die sich im sogenannten «englischen Hause» zu literarischen Diskussionen traf und welche die frühere «Montagsgesellschaft» abgelöst hatte, auf der sich einst Lessing und Mendelssohn begegnet waren. Hier lernte er den jungen, damals 30 Jahre alten Schleiermacher kennen, der als protestantischer Prediger an der Charité wirkte, und es entwickelte sich zwischen ihnen bald eine innige Freundschaft, die in philosophischer Hinsicht Schlegels Berliner Periode beherrscht. «Es waren für beide die fruchtbarsten Jahre, in welchen sie in einer völligen Gemeinschaft aller Ideen lebten», sagte Wilhelm Dilthey: «Jeder ward durch die mächtige Anziehung des Anderen eine Zeit lang aus den Grenzen seiner Natur herausgerissen.»

«Was seinen Geist betrifft», schrieb Schleiermacher zwei Monate nach der ersten Begegnung über den neuen Freund an seine Schwester, «so ist er mir so durchaus superieur, daß ich nur mit vieler Ehrfurcht davon sprechen kann. Wie schnell und tief er eindringt in den Geist jeder Wissenschaft, jedes Systems, jedes Schriftstellers, mit welcher hohen und unparteiischen Kritik er jedem seine Stelle anweist, wie seine Kenntnisse alle in einem herrlichen System geordnet dastehen und alle seine Arbeiten nicht von ungefähr, sondern nach einem großen Plan aufeinander folgen, mit welcher Beharrlichkeit er Alles verfolgt, was er einmal angefangen hat – das weiß ich erst Alles seit der kurzen Zeit völlig zu schätzen, da ich seine Ideen gleichsam entstehen und wachsen sehe.» Auch in persönlicher Beziehung ergänzten sich die beiden Freunde in vollendeter Symmetrie. Während die beschauliche Natur Schleiermachers – in *winzigen Gemütereien*, wie Schlegel sagt – allen *lieblichen Kleinigkeiten des Lebens* volle Aufmerksamkeit schenkte, hatte Schlegels Geist großzügigere Konturen. «So wie er Bücher am liebsten mit großer Schrift mag», sagte Schleiermacher, «so auch an den Menschen große und starke Züge. Das bloß Sanfte und Schöne fesselt ihn nicht sehr, weil er zu sehr nach der Analogie seines eignen Gemüts Alles für schwach hält, was nicht feurig und stark erscheint... Er wird immer mehr sein als ich, aber ich werde ihn mehr fassen und vollständiger kennen lernen, als er mich.»

Wie schnell sie Freundschaft schlossen, geht auch aus der Tatsache hervor, daß Schlegel bereits am 31. Dezember 1797 in Schleiermachers Wohnung zog. «Eine herrliche Veränderung in meiner Existenz macht Schlegels Wohnen bei mir», so schilderte Schleiermacher seiner Schwester die neue Lebensweise: «Wie neu ist mir das, daß ich nur die Türe zu öffnen brauche, um mit einer vernünftigen Seele zu reden... Schlegel steht gewöhnlich eine Stunde eher auf als ich... Er liegt aber auch im Bette und liest, ich erwache gewöhnlich durch das Klirren seiner Kaffeetasse. Dann kann er von seinem Bette aus die Tür, die meine Schlafkammer von seiner Stube trennt, öffnen und so fangen wir unser Morgengespräch an. Wenn ich gefrühstückt habe, arbeiten wir einige Stunden, ohne daß einer vom andern weiß; gewöhnlich wird aber vor Tisch noch eine kleine Pause gemacht um einen Apfel zu essen. Dabei sprechen wir gewöhnlich über die Gegenstände unsrer Studien: dann geht die zweite Arbeitsperiode an bis zu Tisch, d. h. bis halb zwei. Ich bekomme mein Essen aus der Charité, Schlegel läßt sich seines aus einem Gasthause holen. Welches nun zuerst kommt, das wird gemeinschaftlich verzehrt, dann das andere, dann ein paar Gläser Wein getrunken, so daß wir beinah ein Stündchen bei unserm Diner zubringen. Über den Nachmittag läßt sich nicht so bestimmt sprechen; leider aber muß ich gestehen, daß ich gewöhnlich der erste bin der ausfliegt und der letzte der nach Hause kommt... Wenn ich abends zwischen 10 und 11 nach Hause komme finde ich Schlegel noch auf, der aber nur darauf gewartet zu haben scheint mir gute Nacht zu geben und dann bald zu Bette geht.»

Unter dem Einfluß des stark moralistisch orientierten Freundes gewann zunächst das Thema der Moral eine besondere Bedeutung für Schlegel. In seinen philosophischen Heften, aus denen später manches *Athenäums*-Fragment entnommen wurde, finden sich die Ansätze zu dem, was man eine «romantische Sittenlehre» nennen kann. In ihr bilden Begriffe wie Individualität, Selbständigkeit, Originalität, Freundschaft und Liebe die Angelpunkte. Insgesamt läßt sich über die moralistischen Reflexionen der Freunde sagen, daß sie über den Formalismus der Kantischen Pflichtethik hinausdrängten und der Sittenlehre ein ungewöhnlich breites Gebiet einräumten, auf dem auch Fragen wie die soziale Stellung der Frau, die Beziehungen der Geschlechter, ja, Probleme der Ökonomie, Politik und Gesellschaft, selbst Themen erörtert wurden, die in Knigges Anstandsbuch Platz hatten.

Indem so in gemeinschaftlichen Studien ein romantisches *System der Moral* heranreifte, rückte eine neue «Sphäre der menschlichen Bildung» in Schlegels Interessen, die bislang hauptsächlich auf die Literatur und Philosophie konzentriert gewesen waren. Aber noch ein anderes Thema bestimmte die Zeit seines Zusammenlebens mit Schleiermacher. Während Schlegel durch Fichte in das eingeführt worden war, was er in seinen Heften gern als die *subjektivistische Reflexionsmethode* bezeichnete, schlug sein Denken nun eine «objektive» oder «realistische» Richtung ein und wandte sich in ekstatischer, namenloser Liebe auf die unendliche Fülle des Universums, wobei die Züge der individuell umrissenen Geistgestalten als verschwimmende Manifestationen einer in pantheistischer Mystik gefeierten Unendlichkeit erschienen. Spinoza war den Freunden das

Friedrich Schlegel. Anonyme Bleistiftskizze vom 4. März 1798

Urbild dieser Weltanschauung. «Ihn durchdrang der hohe Weltgeist, das Unendliche war sein Anfang und Ende, das Universum seine einzige und ewige Liebe», sagte Schleiermacher in den «Reden über die Religion» (1799). Schlegels *Sehnsucht nach dem Unendlichen* erhielt damit erstmals eine religiöse, pantheistische Note.

Das Besondere dieser Berliner Studien liegt aber darin, daß Schlegel diese vier Sphären der menschlichen Bildung: Poesie, Philosophie, Moral und Religion, als Ausdruck schöpferischer Grundkräfte des Menschen aufzufassen suchte, welche unsere «geistige Welt», das Reich unserer Kultur errichten. Mit dieser Theorie des Kulturzusammenhanges beschritt er einen Weg, der später in der Dilthey-Schule als «Geisteswissenschaft» bezeichnet wurde. Indem er für die wissenschaftliche Ergründung der einzelnen Kulturgebiete die historische Forschung und das «Verstehen» als grundlegende Methoden forderte, nahm er Gedanken vorweg, die zum Zentrum in Diltheys Philosophie wurden. Dilthey selbst hat hierin die große Leistung von Schlegels früher Philosophie erblickt. In seinem Werk über Schleiermacher sagt er: «Bevor ein universales System gewagt wurde, arbeitete neben den Naturphilosophen eine Anzahl von Denkern an der Ausbildung einer Geistesphilosophie, einer Philosophie der Geschichte. Es ist Friedrich Schlegels Verdienst, für diese zweite und weitaus fruchtbarere Gruppe von Studien der leitende Kopf gewesen zu sein ... Man wird Friedrich Schlegel zugestehen müssen: er erfaßte den geistigen Grundvorgang, auf welchem die geschichtlichen Wissenschaften beruhen, wenn er (ich weiß nicht ob von Schleiermacher angeregt oder selbständig) auf die Natur des Verstehens und des Nachkonstruierens zurückging; und er erkannte das letzte Ziel, welches diesen Wissenschaften gesteckt ist, wenn er Bildungsgesetze der einzelnen Systeme der Kultur vermöge des Studiums der geschichtlichen Erscheinungen selber entdecken wollte. So sprach er aus, was dieser Epoche in Dichtern, Philosophen, Historikern aufzugehen begann ...»

Im Oktober 1797 lernte Schlegel auch Ludwig Tieck kennen, der damals seine dramatisierten Märchen «Ritter Blaubart» und «Der gestiefelte Kater», die «Gesammelten Volksmärchen» in drei Bänden wie auch Wackenroders «Herzensergießungen eines kunstliebenden Klosterbruders» veröffentlichte. Bislang hatte Tieck wenig mehr als lokale Bedeutung erlangt; er lebte zurückgezogen mit seiner Schwester Sophie in der alten Hospitalstraße vor dem Rosentaler Tor. Zwar waren seine Romane «William Lovell», «Abdallah» und «Peter Leberecht» bereits erschienen, aber den meisten war er nur als Autor jener blutrünstigen «Straußfedergeschichten» bekannt, die er im Auftrage Nicolais verfaßte und mit denen er einem makabren Zeitgeschmack entgegenkam. Erst die Brüder Schlegel, vor allem August Wilhelm Schlegel, haben Tiecks Talent entdeckt. Während aber August Wilhelm Schlegel in seinen Rezensionen von Tiecks Werken, die unter Pseudonym erschienen waren, von ihrem Autor nichts wußte, konnte Friedrich Schlegel ihm mitteilen, daß der Verfasser mit jenem Ludwig Tieck identisch sei, den er in Berlin zwecks Mitarbeit an Reichardts «Lyceum» aufgesucht hatte. Von nun an stellte sich ein reger Verkehr mit Tieck ein. *Er ist recht häufig bei mir,* teilte Friedrich Schlegel seinem Bruder in Jena mit, *und interessiert mich sehr, ungeachtet er immer aussieht, als ob er fröre und an Geist und Leib*

Schleiermacher. Stich von Heinrich Lips

gleich mager ist. In theoretischer Hinsicht war Tieck zwar der Empfangende, der sich mit den vielfältig gebildeten Brüdern Schlegel nicht messen konnte. Als Dichter und vor allem als Erzähler prägte er aber der heranwachsenden romantischen Schule neue Elemente ein. In seinen dichterischen Werken ließen sich bislang unbekannte Töne vernehmen, die Friedrich Schlegel als die Merkmale des *Phantastischen, Sentimentalen, Pittoresken* und *Musikalischen* bezeichnete und bald als wesentliche Bestandteile in die Theorie des Romantischen aufnahm. Tieck war den Schlegel ferner in der Erschließung Shakespeares verbunden und bereicherte die romantische Literaturwissenschaft mit seiner meisterhaften Übersetzung von Cervantes' «Don Quijote».

Zu ihren literarischen Gesprächen trafen sich die Berliner Freunde auch gern im Haus von Henriette Herz, der anmutigen, vielbewunderten Frau des Arztes Marcus Herz, deren Schönheit Sulpiz Boisserée noch im Jahre 1811 mit Tizians Frauengestalten verglich. Henriette Herz hatte mit geistreichen jüdischen Freundinnen, unter ihnen die feinfühlige und witzsprühende Rahel Levin, eine Art literarisches Kränzchen gebildet, in dem auch gelegentlich Prinz Louis Ferdinand von Preußen, die Brüder Humboldt, die Herzogin Dorothea von Kurland oder der junge Baron von Brinkmann verkehrten. Goethe war der vornehmste Gegenstand der Bewunderung in diesem Kreis. Als Friedrich Schlegel in diesen Zirkel eintrat, wurde er, wie Rudolf Haym sagt, «Ritter und Vorkämpfer» dieser Gemeinde. Zwischen ihm und Rahel Levin zeigte sich eine spontane, auf einer verwandten Disposition ihrer kritischen Naturen beruhende Affinität, und zweifellos ist Rahels Verständnis des Schlegelschen Geistes noch spürbar, wenn Varnhagen von Ense später in seinen Lebensbildern mit oft treffender Sicherheit Charakterzüge Schlegels zeichnet.

In diesem literarischen Kreis traf Schlegel noch im Sommer 1797 mit Dorothea Veit zusammen, und diese Begegnung löste bei beiden eine überwältigende Liebe aus, die ihr Leben von nun an verband. Die keineswegs als schön, aber als glutvoll, innig und hingebungsvoll geschilderte Frau war die älteste Tochter des berühmten Moses Mendelssohn. Sie hatte von ihrem Vater, der das Vorbild für Lessings «Nathan» gewesen war, eine hervorragende Ausbildung erhalten, unter anderem hatte Mendelssohn für Dorothea und ihre Schwester Henriette seine «Morgenstunden» verfaßt. Bei der Verheiratung seiner liberal und vielseitig gebildeten Töchter war Moses Mendelssohn aber einer Regel gefolgt, die sich für Dorothea verhängnisvoll auswirkte und diese tief unglücklich machte. Ohne nach der persönlichen Neigung Dorotheas zu fragen, hatte er sie im Alter von 19 Jahren an den Berliner Bankier Simon Veit verheiratet, der zwar ein außerordentlich nobler Charakter war, aber geistig unter dem Niveau seiner jungen Frau stand. Dreizehn Jahre lang hatte sich Dorothea in dieser Ehe verzehrt und war den Freundinnen aus ihrem literarischen Zirkel so verzweifelt erschienen, daß Henriette Herz sich angeboten hatte, die Scheidung zu vermitteln. Aus dieser Ehe waren aber zwei Kinder, Johannes und Philipp Veit, hervorgegangen, die später als romantische Maler berühmt geworden sind, und Dorothea fühlte sich verpflichtet, weiter an der Seite ihres Mannes zu bleiben.

Als Dorothea nun im Sommer 1797 dem acht Jahre jüngeren Friedrich Schlegel begegnete und der geniale, brillante Jüngling ihr seine Aufmerksamkeit schenkte, war sie bereit, die Lösung ihrer Ehe zu erwägen. Im Dezember 1798 trennte sie sich von ihrer Familie, Anfang 1799 wurde die Scheidung ausgesprochen. Allein wegen seines kindlichen Alters wurde ihr der jüngste Sohn Philipp zur Pflege überlassen, während Johannes Veit in der Obhut des Vaters blieb. Mit ihrem dreijährigen Sohn zog Dorothea nun in eine abgelegene Straße Berlins, wo Friedrich Schlegel, Schleiermacher und später auch Fichte ihre täglichen Gäste waren. «Kaum fühle ich mich noch recht», schrieb sie drei Wochen nach der Scheidung an Brinkmann, «noch bis jetzt ist es mir wie einem, der lange eine große Last getragen, er glaubt sie noch zu fühlen, nachdem er ihrer schon längst entledigt ist. Jetzt bin ich, was ich längst hätte sein sollen, lieber Freund! Jetzt bin ich glücklich und gut – keine Gruselei mehr, keine Beschämung; vielleicht würden Sie mich auch nicht mehr so hart finden, ich lebe im Frieden mit allem, was mich umgibt.»

Ludwig Tieck

Für Dorothea bedeutete Friedrich Schlegel die Erfüllung ihres Lebens, und während der dreißig Jahre, die sie von nun an zusammen lebten, hat sie ihm die hingebungsvollste, dankbarste Liebe geschenkt, die einen guten Teil ihrer Kraft auch aus dem Bedürfnis bezog, den Akt der Selbstbehauptung, den sie zwar nie bereute, aber ständig als Schuld empfand, durch Aufopferung und Läuterung ihres Wesens wiedergutzumachen. Denselben in die Tiefe wirkenden Einfluß übte Dorothea auf Friedrich Schlegel aus. *An äußerer Bildung und Zierlichkeit steht sie der Schwiegerin zwar nach*, teilte er am 17. Dezember 1798 Novalis mit: *Sie ist nur eine Skizze, aber durchaus in einem großen Stil. Ihr ganzes Wesen ist Religion, obgleich sie nichts davon weiß. – Ich würde es für ein Märchen gehalten haben*, heißt es in der *Lucinde*, *daß es solche Freude gebe und solche Liebe, wie ich nun fühle, und eine solche Frau, die mir zugleich die zärtlichste Geliebte und die beste Gesellschafterin wäre und auch eine vollkommene Freundin*. Bereits am 27. November 1798 hielt Schlegel es in einem Brief an seine Schwägerin nicht mehr für möglich, *daß uns etwas andres als der Tod trenne*.

Eine Heirat war freilich von den beiden ursprünglich nicht beab-

Rahel Levin

sichtigt. Sie wurde nicht nur als *verhaßte Zeremonie* angesehen, sondern stieß vor allem gegen unüberwindliche Schwierigkeiten. Daß Dorothea keine neue Ehe einging, war nach einem Brief Schlegels an Novalis vom 17. Dezember 1798 *die einzige Bedingung, unter der man ihr den jüngsten Sohn lassen will und kann.* Auch war Dorothea, wie Schlegel in demselben Brief sagte, *durch einen sinnreichen Zufall die Tochter des alten Mendelssohn,* und *durch eine Taufe würde die Familie mehr als billig beleidigt werden.* Außerdem wäre es Schlegel wegen seiner hoffnungslosen Finanzlage unmöglich gewesen, eine Familie zu gründen. In endlosen Gesprächen mit dem für die Sorgen seiner Freunde stets aufgeschlossenen Schleiermacher erörterte Dorothea in diesen Berliner Monaten die schier ausweglose Zukunft und bemerkte über Schlegels Anteilnahme an diesen Gesprächen: «Friedrich sieht über uns hin und denkt an das, was wir sagen, aber mit einem so tiefen Ausdruck, daß man schwören möchte, er denkt an die neue Mythologie.»

Der Skandal, den Schlegels Verbindung mit Dorothea in den bürgerlichen und literarischen Kreisen Deutschlands auslöste, wurde noch beträchtlich gesteigert und gewann sogar sensationellen Charakter, als Schlegel im Herbst 1799, kurz vor seinem Weggang von Berlin, seinen Roman *Lucinde* veröffentlichte, und das Publikum in der Schilderung der Titelheldin leicht ein Porträt Dorotheas erkannte. Während Caroline «ganz bange» bei diesem Buch wurde und meinte, «wenn ich seine Geliebte wäre, so hätte es nicht gedruckt werden dürfen», ergab sich Dorothea mit der für sie charakteristischen Demut und Überschätzung von Schlegels poetischen Leistungen in ihr Los. «Oft wird es mir heiß und wieder kalt ums Herz», schrieb sie an Schleiermacher, «daß das Innerste so herausgeredet werden soll – was mir so heilig war, so heimlich, jetzt nun allen

Dorothea Veit. Anonymes Pastellporträt

Neugierigen, allen Hassern preisgegeben ... Ich denke aber wieder, alle diese Schmerzen werden vergehen mit meinem Leben, und das Leben auch mit; und alles, was vergeht, sollte man nicht so hoch achten, daß man ein Werk darum unterließe, das ewig sein wird. Ja, dann erst wird die Welt es recht beurteilen, wenn alle diese Nebendinge wegfallen.» Zweifellos hat Schlegels Roman diese autobiographischen Aspekte. Aber im Medium dieser persönlichen Begebenheiten wird in der *Lucinde* auch ein wichtiges Thema der romantischen Lebensauffassung, nämlich die Philosophie der Liebe und der Ehe gestaltet, und von hier aus betrachtet, ist der Roman Ausdruck der moralistischen Reflexionen, die Schlegel zusammen mit Schleiermacher in Berlin begonnen hatte. Tatsächlich hat Schleiermacher auch in seinen apologetischen «Vertrauten Briefen über die Lucinde» (1800) diese Aussagen des Romans besonders hervorgehoben.

Das Abendland hat lange gebraucht, eine Philosophie der Liebe und der Ehe zu entwickeln, die allen hier involvierten Sphären und Personen – Geistigkeit und Sinnlichkeit, Mann und Frau – Gerechtigkeit widerfahren ließ. Schlegel und Schleiermacher zählen zu den ersten Denkern, die dies Thema mit glücklicher Hand aufgegriffen haben und Liebe und Ehe, unter Absehung von bürgerrechtlichen Auffassungen, aus der Natur dieser Beziehungen zu ermitteln suchten und ganz aus der Freiheit der inneren Sittlichkeit, der Entscheidung für das Ewige zu verstehen trachteten. Wahre Liebe und wahre Ehe sind nach der Botschaft der *Lucinde* durchaus nicht rechtliche, sondern sittliche Verhältnisse, sie bedeuten eine vollkommene Einheit, eine Beziehung von Personen, bei der aus zweien eine werden soll. Der Gegensatz dieser wahren Ehe, die im persönlichen Sittengesetz gründet, ist die bürgerliche, nach dem Rechtskodex geschlossene. *Da liebt der Mann in der Frau nur die Gattung,* sagt Schlegel, *die Frau im Mann nur den Grad seiner natürlichen Qualitäten und seiner bürgerlichen Existenz, und beide in den Kindern nur ihr Machwerk und Eigentum. Da ist die Treue ein Verdienst und eine Tugend; und da ist auch die Eifersucht an ihrer Stelle. Denn darin fühlen alle ungemein richtig, daß sie stillschweigend glauben, es gäbe ihresgleichen viele, und einer sei als Mensch ungefähr so viel wert wie der andere und alle zusammen eben nicht sonderlich viel.*

Die Einmaligkeit ist demnach für Schlegel das Wesen der Liebe und der aus ihr erwachsenden Ehe. Er will die Liebe zu einer Universalbeziehung entwickelt sehen, die jeden Bereich der Persönlichkeit durchdringt und eine *romantische Verwirrung* stiftet, indem sie die Wollust vergeistigt und die Seligkeit sinnlich macht. Von den Partnern verlangt er *Sinn füreinander* und noch mehr: *Glauben aneinander.* In Demut soll jeder die *Göttlichkeit des andern ehren,* im anderen den *integranten Teil einer gemeinschaftlichen Personalität* sehen, auf daß sich in einer *schönen Mystik des Umgangs* die *wunderbarste Symmetrie des Eigentümlichen* entfaltet. Denn *wenn man sich so liebt, kehrt auch die Natur im Menschen wieder zu ihrer ursprünglichen Göttlichkeit zurück.*

Es scheint selbstverständlich, daß bei dieser Auffassung der Ehe

Illustration zur Caroline Rehberg-Episode in der «Lucinde»

und Liebe auch die Stellung der Frau völlig neu gesehen wurde. Und es zählt zu den bedeutendsten gesellschaftspolitischen Neuerungen der Romantik, daß in ihrem Gefolge der kulturbildende Einfluß der Frau wiedererweckt wurde. Das weibliche Wesen soll es nach Schlegel wieder wagen können, *den Kopf aus dem großen Weltmeere des Vorurteils und der Gemeinheit in die Höhe zu richten.* Wie die Anadyomene soll sie aus dem *Ozean der Mode und häuslichen Moral mit ihrem ganzen Wesen* emporsteigen und die unnatürliche Prüderie, an die Schlegel *nicht ohne innerliche Wut* denken kann, ablegen. Denn Prüderie ist für ihn nichts anderes als *Prätension auf Unschuld ohne Unschuld,* und er beklagt es bitter, daß die Männer, weil sie *dumm und schlecht* sind, *ewige Unschuld und Mangel an Bildung* von den Frauen verlangen, wobei diesen dann tatsächlich nichts anderes übrigbleibt, als ungebildet und prüde zu sein.

Im Bild einer harmonischen Ergänzung von Mann und Frau, von Geist und Seele, stellt die *Lucinde* ein wichtiges Postulat der Romantik dar, das sonst auch gern von Schlegel als Synthese von Philosophie und Poesie bezeichnet wird. Jedoch wurde die «Moral der Lucinde» kaum von den Freunden des romantischen Kreises, geschweige vom breiteren Publikum verstanden, wo der Roman fast allgemein als Darstellung «nackter Sinnlichkeit», als Manifest des «Obszönen» aufgefaßt wurde. Neben ihren inhaltlichen Aussagen kann die *Lucinde* in formtheoretischer Hinsicht auch als ein Beispiel der romantischen Idee des Romans dienen, indem hier ein Thema in verschiedenen Kunstformen variiert wird, der Autor sich selbst im Gang der Erzählung darstellt, über sich selbst und das Dargestellte ständig reflektiert und darüber hinaus mit der Form des Romans in einer Weise spielt, die man gewöhnlich als romantische Ironie bezeichnet, die sich aber auch nach einem Lieblingsbegriff Schlegels, den Karl Konrad Polheim in das Zentrum der frühromantischen Ästhetik gestellt hat, als *Arabeske*, als arabeske Erzähltechnik benennen läßt. Freilich gilt dieser formelle Reiz der *Lucinde* – ähnlich wie bei André Gides «Les Faux-monnayeurs» – wohl hauptsächlich für den Literaturprofessor, der an solchen Werken die Theorie des modernen Romans demonstrieren kann, während dem Genießer und Liebhaber der Literatur bei der Lektüre des Buches eher die zeitgenössischen Verse einfallen:

Der Pedantismus bat die Phantasie
Um einen Kuß; sie wies ihn an die Sünde.
Frech, ohne Kraft umarmt er die,
Und sie genas von einem toten Kinde,
Genannt Lucinde.

DAS «ATHENÄUM»
(1798–1801)

Während Friedrich Schlegel in Berlin als Autor und Redakteur des «Lyceums der schönen Künste» tätig war, mußte er erfahren, daß sich der Herausgeber Reichardt zwar gern seiner scharfen Feder bediente, wenn es in dessen eigenen Interessen lag, aber sofort eingriff, wenn die von ihm geförderten Autoren der Gegenstand der Satire wurden. Als Schlegel zum Beispiel über Johann Heinrich Voß, den von Reichardt protegierten Übersetzer des Homer und Autor der «Louise», das zynische Fragment veröffentlichte: *Voß ist in der Louise ein Homeride: so ist auch Homer in seiner Übersetzung ein Vosside*, wurde er gemaßregelt. So kam es, daß sich Friedrich Schlegel am 16. Dezember 1797 im Intelligenzblatt der «Allgemeinen Literaturzeitung» öffentlich von Reichardt und dem «Lyceum» lossagte.

Auch August Wilhelm Schlegel hatte als Mitarbeiter an literarischen Journalen unangenehme Erfahrungen gesammelt, die keineswegs auf den Zusammenprall mit Schiller beschränkt geblieben waren. Unter anderem lieferte er für die «Allgemeine Literaturzeitung», das führende Rezensionsorgan von damals, die bedeutendsten kritischen Beiträge. Aber diese Mitarbeit verpflichtete ihn zu anonymer Tätigkeit, und außerdem mußte er sich vom Kollegium der Herausgeber Schulmeistereien gefallen lassen. Es war deshalb nur natürlich, daß die Brüder Schlegel im Herbst 1797 den Plan faßten, eine eigene Zeitschrift zu gründen.

Aus diesen Überlegungen ist das *Athenäum* hervorgegangen, das als das bedeutendste literarische Manifest der frühromantischen Bewegung in Deutschland angesehen werden kann. Aber das *Athenäum* hätte nie diese einzigartige Stellung in der deutschen Literatur erlangt, wäre ihm nicht unter dem energischen Drängen Friedrich Schlegels eine eigentümliche Gründungsidee aufgeprägt worden, die es von allen bislang bekannten Zeitschriften abhob. August Wilhelm Schlegel hätte aus dem *Athenäum* ein Organ gemacht, das von der Jenaer «Allgemeinen Literaturzeitung» nicht wesentlich verschieden gewesen wäre, nämlich ein ausschließlich literarisches Blatt, das sich im wesentlichen der zeitgenössischen Literaturkritik widmete. Friedrich Schlegel wollte das *Athenäum* direkt zum Organ der romantischen Weltanschauung machen. Die Zeitschrift sollte alle Gebiete der Kunst und Wissenschaft vom Geist der Romantik aus behandeln und in dieser Vielfalt *enzyklopädischen* Charakter haben. Auch in der Art der Publikation sollte sich das *Athenäum* von allen bislang bekannten Zeitschriften unterscheiden und mit den Herausdie Theile von größeren Werken sind. Der Prüfung der Kenner widmen wir unsre angestrengtesten Bemühungen; für die Unterhaltung aller Leser wünschen wir so viel anziehendes und belebendes in unsre Vorträge zu legen, als ernstere Zwecke erlauben.

Wir theilen viele Meynungen mit einander; aber wir gehn nicht darauf aus, jeder die Meynungen des andern zu den seinigen zu machen. Jeder steht daher für seine eignen Behauptungen. Noch weniger soll das geringste von der Unabhängigkeit des Geistes, wodurch allein das Geschäft des denkenden Schriftstellers gedeihen kann, einer flachen Einstimmigkeit aufgeopfert werden; und es können folglich sehr oft abweichende Urtheile in dem Fortgange dieser Zeitschrift vorkommen. Wir sind nicht bloß Herausgeber, sondern Verfasser derselben, und unternehmen sie ohne alle Mitarbeiter. Fremde Beyträge werden wir nur dann aufnehmen, wenn wir sie, wie unsre eignen, vertreten zu können glauben, und Sorge tragen, sie besonders zu unterscheiden. Die Arbeiten eines jeden von uns sind mit dem Anfangsbuchstaben seines Vornamens, die gemeinschaftlichen mit beyden bezeichnet.

W. und F.

Aus dem Vorwort zum «Athenäum»

gebern, den Brüdern Schlegel, auf solch intime Weise verbunden werden, daß diese wie eine Person erschienen und die Zeitschrift gleichsam ihr *gemeinschaftliches Buch* wurde.

In einem Brief vom 31. Oktober 1797 legte Friedrich Schlegel seinem Bruder diese Gründungsidee erstmals dar: *Mir hat es lange Zeit geschienen, unser gemeinschaftliches Journal anzufangen,* sagte er darin. *Nämlich ein Journal von uns beiden nicht bloß ediert, sondern ganz allein geschrieben.* Und ein paar Wochen später präzisierte er diese Idee innigster geistiger Gemeinschaft mit der Wendung: *Durch Einheit des Stoffs kann ein Journal wohl eine gewisse Einheit errei-*

chen, aber es wird dadurch auch sicher monoton... Einheit des Geistes würde ein Journal zu einem Phoenix seiner Art machen. Sie ist aber gewiß sehr möglich, wo die Herausgeber auch die Verfasser sind, und wo die Herausgeber leiblich und geistlich Brüder sind. Mit aller Leidenschaft und einer regelrechten *Theorie der Zeitschrift* setzte er sich für diese universale Konzeption des *Athenäums* ein. Schließlich ging August Wilhelm Schlegel auf seine Vorstellungen ein und formulierte in der «Vorerinnerung» diese Gedanken, die er in dem Begriff der «Verbrüderung» prägnant zusammenfaßte.

Dieser Verbrüderung liegt eine Idee zugrunde, die Friedrich Schlegel damals gern als *Symphilosophie* bezeichnete. *Philosophieren,* sagte er in seinen Fragmenten, *heißt die Allwissenheit gemeinschaftlich suchen,* und er sah *eine ganz neue Epoche der Wissenschaften und Künste beginnen, wenn die Symphilosophie und Sympoesie so allgemein und so innig würde, daß es nichts Seltenes mehr wäre, wenn mehrere sich gegenseitig ergänzende Naturen gemeinschaftliche Werke bildeten.* Diese Idee hat entscheidend dazu beigetragen, daß der Kreis von Autoren, der sich damals um die Brüder Schlegel zu sammeln begann, eine geschlossene Gruppe von sich gegenseitig ergänzenden Mitgliedern, eben eine «Schule» wurde. Wollte man die «Spezialgebiete» dieser συμφιλοσοφοῦντες umgrenzen, so wäre Friedrich Schlegel der Theoretiker und Philosoph, August Wilhelm Schlegel der Philologe und Kritiker, Schleiermacher der Moralist und Theologe der «romantischen Akademie» gewesen; Tieck würde als der populäre Erzähler und Novalis als der esoterische Mystiker dieser Liga einzustufen sein. Im *Athenäum* zeigt sich dieses Vereinigungsmotiv zum Beispiel darin, daß die Beiträge der Brüder Schlegel nur mit den Anfangsbuchstaben ihrer Vornamen, die von anderen Mitarbeitern mit entsprechenden Sigeln oder mit poetischen Pseudonymen wie «Novalis» gekennzeichnet sind und in den Fragmenten die Identität der Autoren gänzlich aufgehoben ist.

Nachdem der Berliner Verleger Friedrich Vieweg das *Athenäum* übernommen und Friedrich Schlegel in der preußischen Metropole die Vorbereitung zur Herausgabe geregelt hatte, erschien im Mai 1798 das erste Heft der romantischen Zeitschrift, die es bis zum August 1800 auf sechs Hefte, oder drei Bände von zwei Heften pro Jahrgang brachte. Aus einer Reihe von kritischen, dialogischen und aphoristischen Gelegenheitsschriften hebt sich als gewichtigster Beitrag des ersten Bandes eine Sammlung von 451 Aphorismen hervor, die unter dem Namen *Athenäums*-Fragmente bekannt geworden sind und unter denen sich berühmt gewordene Sentenzen wie über den Historiker als *rückwärts gekehrten Propheten* oder die Französische Revolution, Fichtes Wissenschaftslehre und Goethes «Wilhelm Meister»

Die romantische Poesie ist eine progressive Universalpoesie. Ihre Bestimmung ist nicht bloß, alle getrennte Gattungen der Poesie wieder zu vereinigen, und die Poesie mit der Philosophie, und Rhetorik in Berührung zu setzen. Sie will, und soll auch Poesie und Prosa, Genialität und Kritik, Kunstpoesie, und Naturpoesie bald mischen, bald verschmelzen, die Poesie lebendig und gesellig, und das Leben und die Gesellschaft poetisch machen, den Witz poetisiren, und die Formen der Kunst mit gediegnem Bildungsstoff jeder Art anfüllen und sättigen, und durch die Schwingungen des Humors beseelen. Sie umfaßt alles, was nur poetisch ist, vom größten wieder mehre Systeme

Das Athenäums-Fragment über die romantische Poesie als «progressive Universalpoesie»

als die *größten Tendenzen des Zeitalters* finden. Zwar haben auch August Wilhelm Schlegel, Schleiermacher, Novalis und sogar Caroline zu diesen Fragmenten beigesteuert, sie sind aber dennoch Friedrich Schlegels persönlichster Beitrag, jedenfalls hätten sie ohne ihn nicht diese beherrschende Bedeutung im *Athenäum* erlangt. *Ich kann von meinem ganzen Ich gar kein anderes echantillon geben, als so ein System von Fragmenten, weil ich selbst dergleichen bin,* hatte er seinem Bruder am 18. Dezember 1797 geschrieben, und dieser hatte am 22. Januar 1798 auf einen Brief Schleiermachers, der Randbemerkungen Friedrich Schlegels aufwies, mit der launigen Bemerkung geantwortet: «Die Randglossen meines Bruders rechne ich auch zu dem Gewinn, denn sie gelingen ihm weit besser als ganze Briefe, sowie Fragmente besser als Abhandlungen, und selbstgeprägte Wörter besser als Fragmente. Am Ende beschränkt sich sein ganzes Genie nur auf mystische Terminologie.»

Neben vielen moralistischen und kritischen Aussagen wird in den *Athenäums*-Fragmenten jene Theorie der romantischen Poesie schärfer herausgearbeitet, die bereits in dem Aufsatz *Über das Studium der griechischen Poesie* und in den Fragmenten des «Lyceums» Gestalt gewonnen hatte. Auch hier wird das Ideal der Bildung und der Poesie noch in umfassender Universalität, im Umspannen möglichst weit auseinander liegender Gegensätze erblickt, und die äußersten Pole dieses Gegensatzes bestehen immer noch in dem klassischen Ideal der Vollendung (*Einheit*) und dem romantischen des Über-sich-Hinausweisens (*unendliche Fülle*). Da aber die Synthese der Gegensätze nicht in einem einmaligen Ruck gelingen kann, erweist sich der Gang der Bildung als *elastisch* und die *Universalpoesie* als *progressiv.* Das Vermögen nun, das den Dichter befähigt, immer wieder neue Synthesen von Einheit und Fülle zu vollziehen und *Ähnlichkeiten zwischen Gegenständen aufzufinden, die sonst sehr unabhängig, verschieden und getrennt sind,* sah Schlegel als eine spontane Leistung der schöpferischen Einbildungskraft an, die er auch gern *Witz* nannte. Mit dieser Auffassung des Witzes als Prinzip der sich *ewig mischenden und wieder trennenden Wissenschaften* stand er in einer langen Tradition der europäischen Ästhetik. Noch Samuel Johnson hatte unter Witz eine «combination of dissimilar images, or discovery of occult resemblances in things apparently unlike» verstanden und über die Funktion des Witzes allgemein gesagt: «The most heterogeneous ideas are yoked by violence together.»

In den poetischen Notizheften dieser Jahre, welche das *Materialienmagazin* für die *Athenäums*-Fragmente gebildet haben, treten Schlegels kritische Bestrebungen von damals direkter in Erscheinung. Sie zeigen, wie intensiv er damit beschäftigt war, das zu konstruieren, was sich in der Sprache Gottfried Benns als absolutes Kunstwerk bezeichnen ließe und was er selbst das *höchste Maximum der Poesie* nannte. Dabei bediente sich Schlegel einer interessanten Abkürzungstechnik, in der griechische Anfangsbuchstaben für die einzelnen Arten der Dichtung und mathematische Formeln zur *unendlichen Potenzierung* der Kunststile verwandt werden. Das höchste Maximum der Poesie stellt sich zum Beispiel in der Formel dar: $\sqrt[\frac{1}{0}]{\frac{\pi}{0}}\,\frac{1}{0}$. Freilich setzt sich das absolute dichterische Kunstwerk für Schlegel aus einer Reihe von Teilelementen zusammen, unter denen das *absolut Fantastische* $\left(\frac{F}{0}\right)$ und das *absolut Sentimentale* $\left(\frac{S}{0}\right)$ die größte Rolle spielen, gemäß der bekannten Definition: *Nach meiner Ansicht und nach meinem Sprachgebrauch ist eben das romantisch, was uns einen sentimentalen Stoff in einer fantastischen Form darstellt.* Diese Spekulationen haben schließlich in einer Formel Ausdruck gefunden, die Hans Eichner in Schlegels Notizheften entdeckt hat. In ihr werden neben dem Phantastischen und Sentimentalen noch das *Mimische,* das heißt die ironische Präsenz des Autors in dem Kunstwerk, als entscheidende Faktoren bezeichnet. Sie lautet: *Das poetische Ideal* $= \frac{1}{0}\sqrt{\frac{FSM}{0}}\,\frac{1}{0} =$ *Gott.*

Das Medium zur Darstellung des absoluten poetischen Kunstwerks wird in den Heften, wie in den zum Teil daraus entnommenen *Athenäums*-Fragmenten, im Roman erblickt, wobei freilich nicht ausschließlich an jene Gattung zu denken ist, die wir mit diesem Begriff verbinden. Schlegel bezog sich in seiner *Theorie des Romans* eher auf ältere Vorbilder dieser Gattung, auf den «Don Quijote» oder den «Decamerone», und neigte sogar dazu, die Idee des Romans über alle historisch gegebenen Grenzen auszudehnen und darunter ein *universelles Mischgedicht* zu verstehen, in dem alle möglichen Gattungen, lyrische, dramatische und epische Bestandteile, poetische, philosophische und didaktische Tendenzen, sentimentale, phantastische und musikalische Stilarten, in jeweils *absoluter Potenzierung,* eine noch nicht gekannte Einheit fanden. Neben dieser inneren Fülle sollte der Roman auch den Reichtum der äußeren Welt einfangen und – wie Schlegel bereits über die Homerischen Epen gesagt hatte, und wie es Balzac später in der Vorrede zur «Comédie humaine» formulieren wird – *Enzyklopädie eines Zeitalters, Spiegel der ganzen umgebenden Welt* sein.

Was diese Gattung des universellen Romans aber zur Realisierung des absoluten dichterischen Kunstwerks so besonders geeignet erscheinen ließ, lag für Schlegel vor allem in der Annahme, daß hier die Individualität des Autors zur tragenden Kraft des Werkes wurde und sich der Geist des Verfassers in seiner Schöpfung auf eine Weise manifestiert, für die Schlegel den Begriff der *poetischen Reflexion* prägte. Wie nach Fichtes bekannten Vorstellungen eine intime Einheit zwischen dem Philosophen und seinem System bestehen muß, so etwa sollte auch die moderne Poesie ihren dichterischen Stoff *mit der künstlerischen Reflexion und schönen Selbstbespiegelung, die sich im Pindar, den lyrischen Fragmenten der Griechen, und der alten Elegie, unter den Neuern aber in Goethe findet, vereinigen, und in jeder ihrer Darstellungen sich selbst mit darstellen, und überall Poesie und Poesie der Poesie sein.* Ganz entsprechend sagte Schlegel in dem bekannten *Athenäums*-Fragment 116, daß die romantische Poesie *zwischen dem Dargestellten und dem Darstellenden, frei von allem realen und idealen Interesse, auf den Flügeln der poetischen Reflexion in der Mitte schweben, diese Reflexion immer wieder potenzieren und wie in einer endlosen Reihe von Spiegeln vervielfachen* solle.

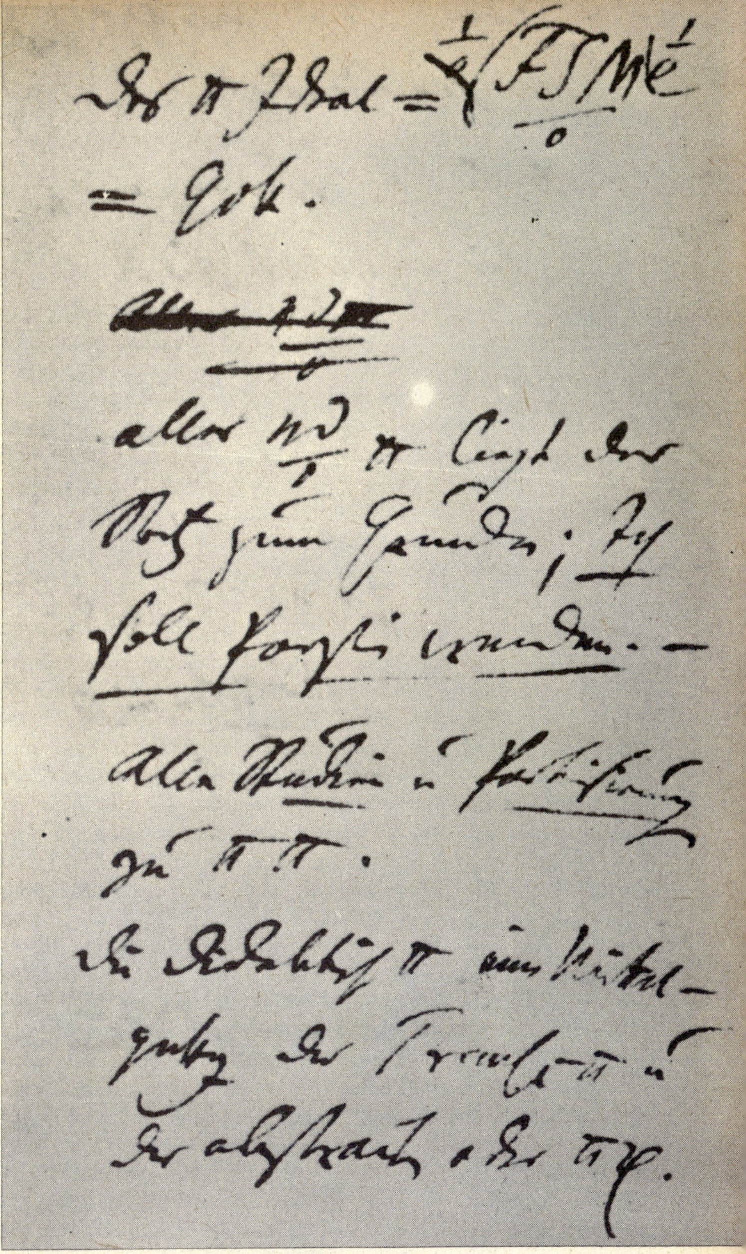

«Ideal der Poesie = Gott». Aufzeichnung Schlegels

Schattenriß Dorotheas aus dem Stammbuch von Herz Homberg

Mit diesen Ideen hat Schlegel wesentliche Probleme der modernen Dichtkunst erstmals formuliert, die in neuerer Zeit vor allem im Werk Thomas Manns, André Gides und Robert Musils Ausdruck gefunden haben. Schon in den «Lyceums»-Fragmenten bezeichnete er diese Geisteshaltung der poetischen Reflexion als Ironie, und tatsächlich bildet die Ironie auch das Zentrum der im ersten Band des *Athenäums* entwickelten Ästhetik. Die Ironie ist für Schlegel das Prinzip, das es dem Künstler ermöglicht, zwischen den gegensätzlichsten Polen der erstrebten Synthese zu schweben und diese in einem *steten Wechsel von Selbstschöpfung und Selbstvernichtung,* von Enthusiasmus und Skepsis, das heißt in der Dialektik des künstlerischen Schaffensprozesses zu verbinden. Die Ironie, hatte Schlegel im «Lyceums»-Fragment 108 gesagt, *enthält und erregt ein Gefühl von dem unauflöslichen Widerstreit des Unbedingten und Bedingten, der Unmöglichkeit und Notwendigkeit einer vollständigen Mitteilung. Sie ist die freieste aller Lizenzen, denn durch sie setzt man sich über sich selbst hinweg.* Er bezeichnete diese Art der Ironie auch als *Selbstparodie* und sah ihre wesentliche Funktion darin, daß man *sich über alles Bedingte unendlich erhebt, auch über eigene Kunst, Tugend oder Genialität.*

Während der zweite Band des *Athenäums* leichtere Beiträge enthält und in seiner vorherrschend satirischen und zeitkritischen Tendenz hauptsächlich von August Wilhelm Schlegel getragen ist, brachte der dritte und letzte eine überraschende Wendung von dem bisher vorherrschenden Ideal der kritischen Universalität zu einer Verinnerlichung der Bildung, zu einer eigentümlichen Religiosität des mystischen Pantheismus, die eine neue Stufe der romantischen Weltanschauung darstellt. *Es fehlt unsrer Poesie an einem Mittelpunkt, wie es die Mythologie für die Alten war,* sagt Schlegel nun plötzlich. Dieser neue Stil bekundet sich in drei Beiträgen: in Novalis' todestrunkenen «Hymnen an die Nacht», die im Gegensatz zur enzyklopädischen Vielseitigkeit des Romans die Tiefendimension symbolischer Lyrik besitzen; in Friedrich Schlegels religiös-feierlichen Fragmenten unter dem Titel *Ideen,* in denen die Unergründlichkeit der pantheistischen Naturreligion gepriesen wird; und in Schlegels *Gespräch über die Poesie,* das mit der berühmten *Rede über die Mythologie* nicht allein als Krönung, sondern in der dialogischen Entwicklung des romantischen Literaturideals auch als eine anschauliche Zusammenfassung der «Doktrin des *Athenäums*» angesehen werden kann.

Schlegel selbst hat drei Jahre später zwei verschiedene Zentren der ästhetischen Doktrin des *Athenäums* unterschieden, wenn er in der *Europa* rückblickend über seine erste Zeitschrift sagte: *Im Anfange derselben ist Kritik und Universalität der vorwaltende Zweck, in den späteren Teilen ist der Geist des Mystizismus das Wesentlichste,* wobei er unter *Mystizismus* einen poetischen Symbolismus, nämlich die *Verkündigung der Mysterien der Kunst und Wissenschaft ... vor allem aber die kräftige Verteidigung der symbolischen Formen* verstand. Schlegel eröffnete mit dieser Zuwendung zur Mythologie und zum Symbolismus einen Weg, der bis zu Nietzsches früher Ästhetik, ja bis zu den französischen Symbolisten des 19. Jahrhunderts konsequent weiterverlief. Für sein eigenes Denken bedeutete dieser Wandel einen so tiefen Einschnitt, daß er über die beiden zentralen Themen der «Fragmente», den Roman und die Ironie, umzudenken begann. Eigentlich war der Roman von nun an nicht mehr das geeignete Medium, dem Ideal der Poesie, das im Symbolischen und *Wunderbaren* erblickt wurde, Ausdruck zu geben. *Am einfachsten wäre es wohl, durch einen Roman das Romantische zu verkündigen; aber jetzt nicht mehr zureichend,* heißt es schon bald in den Manuskripten der Pariser Zeit. Und in den Vorlesungen der Kölner Periode vertritt Schlegel die Auffassung, daß die *künstliche Form* des Romans nur dazu geeignet sei, zum poetischen Leben wieder hinzuführen, selbst aber keine Poesie begründen könne. Als die idealen Gattungen der Poesie schieben sich nun konsequenterweise das Märchen und die Lyrik in den Vordergrund.

Während die Funktion der Ironie nach den «Fragmenten» darin gelegen hatte, die widersprüchliche Fülle universaler Bildung zu umspannen, wird auch diese Geisteshaltung nun symbolistisch gedeutet und gleichzeitig mit der Platonischen Ironie in die engste Beziehung gesetzt. Nach den Aussagen des *Gesprächs über die Poesie* erscheint in der Ironie alles, *was den Sinn, das Herz, den Verstand, die Einbildung einzeln reizt, rührt, beschäftigt und ergötzt* nur als *Zeichen, Mittel zur Anschauung des Ganzen.* In der Idee 69 heißt es: *Ironie ist klares Bewußtsein der ewigen Agilität, des unendlich vollen Chaos.*

Charakteristischerweise ist dieser Wandel in Schlegels ästhetischen Anschauungen mit einem Ortswechsel und gleichzeitig mit einer neuen Annäherung an Novalis verbunden. Bereits im Sommer 1798 hatten sich die Romantiker für einige Wochen in Dresden vereinigt. Schlegel war von Anfang Juli bis Anfang September zusammen mit seinem Bruder nach Dresden gereist und hatte sich dort mit Caroline, Novalis, Schelling und Fichte getroffen. Neben kunsthistorischen Themen, die vom Besuch der Dresdner Gemäldegalerien inspiriert wurden, wohin die Romantiker auch den desinteressierten Fichte zogen, waren die Dresdner Gespräche vornehmlich der romantischen Naturphilosophie gewidmet. Novalis hatte dem Freund kurz vor ihrer Zusammenkunft mitgeteilt, er «habe die interessante Entdekkung der Religion des sichtbaren Weltalls gemacht. Du glaubst nicht, wie weit das greift. Ich denke hier Schelling weit zu überfliegen. Was denkst Du, ob das nicht der rechte Weg ist, die Physik im allgemeinsten Sinne schlechterdings s y m b o l i s c h zu behandeln?» Schlegel erwartete von dieser *ungewöhnlichen Ansicht des gewöhnlichen Lebens* sehr viel, auch davon, die *Religion und die Physik in Kontakt* zu setzen, konnte sich aber noch nichts Rechtes dabei denken. Nachdem Novalis in Dresden endlich eingetroffen war, ging ihm *ein Licht auf.* Nun brach sich der «Schlegelianismus der Physik» in einem Strom handschriftlicher Fragmente Bahn, in denen die sonderbarsten Beziehungssetzungen erfolgen, elektrische Funken mit Blumen, die weibliche Gestalt mit der Blüte, Haare mit Laub verglichen werden oder die Edelsteine als *mineralische Blumen* erscheinen. Es entstand der Plan, daß Schlegel und Novalis ein gemeinschaftliches Werk, eine *Symphilosophie mit Hardenberg in Briefen* veröffentlichten, in dem noch weit wunderbarere «Mischungen und Entmischungen im physikalischen Chaos» zuwege gebracht werden sollten.

Natürlich beanspruchen diese Spekulationen keinen naturwissenschaftlichen Wert. Sie haben allenfalls philosophische Bedeutung, indem sich in diesen Gedanken auch jenes Heraustreten aus der Selbstanschauung des Fichteschen Idealismus, jene Zuwendung zum *Realismus der Natur* bekundet, die schon in Schlegels und Schleiermachers Spinoza-Studien in Erscheinung getreten war und damals aus Schellings «Philosophie der Natur» wie auch aus Goethes Naturauffassung die stärksten Impulse erhielt. Schlegel und Novalis haben diesem *Realismus der Naturanschauung* eine ganz eigene, vornehmlich auf die dichterische Phantasie bezogene Bedeutung gegeben. Was sie in ihren handschriftlichen Fragmenten ausdrücken wollten, war die «dichterische Anschauung der Welt». Wie Dilthey es mit Bezug auf Novalis formulierte, entsprach ihrem Gesichtspunkt «am meisten das System Schopenhauers, auf seinen ursprünglichen Wurf im Ganzen angesehen». «Wir kennen eigentlich nur das, was sich selbst kennt», so interpretierte Dilthey die «naturphilosophische» Konzeption der Romantiker: «Von diesem tiefsinnigen Gedanken aus erscheint die Konsequenz natürlich: die Natur ist unbegreiflich per se. Sie ist es gar nicht aus einem zufälligen Grunde, sondern sofern das Licht des Bewußtseins sie nur von außen trifft. Sie erscheint nun aber als ein Universaltropus des Geistes, d. h. als ein symbolisches Bild desselben. Demgemäß ist sie durch diesen allein verständlich... Ganz deutlich ist nur die negative Erkenntnis, daß die Welt, wie wir sie nicht anders als nach Analogie unseres Ich aufzufassen vermögen, nicht aus der Vernunft... erklärt werden könne, sondern aus einer gärenden Tiefe dieses Ich, welche, uns selber Geheimnis, in Wille, Gemüt oder Einbildungskraft mindestens ebenso primär hervorbreche. Das Problem der Welt löst sich uns demnach, soweit es überhaupt auflösbar ist, durch die Anschauung unseres eigenen Inneren.»

Schlegel sah zunächst in Spinoza den *allgemeinen Grund* dieses poetischen Realismus. Die unendliche Fülle der Naturformen, die Wechselbeziehungen ihrer Organisationen, die sich der bloßen Bewußtseinsphilosophie entziehen, ist – wie es in der *Rede über die Mythologie* heißt – in diesem Erlebnis der natura naturans sinnlich und geistig zu schauen. Dies wird zum zündenden Funken der Poesie, alles wird Beziehung und Verwandlung. Und dieses Anbilden und Umbilden vollzieht die romantische Poesie *als ein hieroglyphischer Ausdruck der umgebenden Natur in dieser Verklärung von Phantasie und Liebe.* Seit dann Tieck die Werke Jakob Böhmes in den Kreis der Romantiker eingeführt hatte, sah Schlegel die Prinzipien der symbolischen Naturanschauung von dem teutonischen Philosophen am vollendetsten entwickelt. Keine Philosophie kam ihm dann der Böhmeschen gleich, *keine ist so reich an Allegorie und sinnbildlicher Darstellung.* Schlegel hat der symbolischen Naturanschauung bis in seine letzten Lebensjahre hohe Bedeutung beigemessen. Die christliche Symbolik erschien ihm später als die Vollendung jener Symbolik, *die ich sonst als neue Mythologie für die neue Zeit suchte.*

Jakob Böhme

Während Schlegels Beiträge zum dritten Band des *Athenäums* zum Teil noch in Berlin verfaßt wurden, mußte sich die Drucklegung schon unter der Obhut Schleiermachers vollziehen, da Schlegel im September 1799 Berlin verließ. Der Dresdner Sommeraufenthalt hatte unter den Romantikern den Wunsch wach werden lassen, sich «unter einem Dach» zu etablieren – ein Plan, der für Novalis «einen ganzen Roman» wert war. Und es war nur natürlich, daß die mittellosen Autoren das Haus des großzügigen Professors August Wilhelm Schlegel und seiner geistreichen Frau Caroline im Löbdergraben in Jena für ihr Gemeinschaftsleben wählten. Im Herbst 1799 setzte die Invasion ein. Friedrich Schlegel traf als erster ein, bald gefolgt von Dorothea, Ludwig und Amalie Tieck. Fichte, der Jena wegen der Anklage auf Atheismus im Juli 1799 verlassen mußte und in Berlin mit Schlegel und Schleiermacher eine anregende Freundschaft gefunden hatte, blieb mit Schleiermacher in der preußischen Hauptstadt zurück. An seiner Stelle trat Schelling in den romantischen Zirkel ein. Aber die Jenaer Beschäftigungen der Romantiker äußerten sich diesmal vor allem in einer Hochflut von Gedichten. Unter dem Einfluß des großen Formkünstlers August Wilhelm Schlegel entstand eine Welle des Experimentierens mit den verschiedensten poetischen Formen, die jeden, selbst solch ungelenke Dichter wie Schelling und Friedrich Schlegel, erfaßte. Die gehaltvollsten poetischen Produkte dieser Zeit sind sicherlich Novalis' «Geistliche Lieder», die in diesem Kreis von ihrem Autor vorgetragen wurden und Friedrich Schlegel als das Göttlichste erschienen, was der Freund je gemacht hatte. *Die Ironie dazu ist,* berichtete er Schleiermacher nach Berlin, *daß Tieck, der kein solch Lied herausbringt, wenn er auch Millionen innerliche Purzelbäume schlägt, nun auch solche Lieder machen soll; dann nehmen sie noch Predigten dazu und lassen's drucken.*

Alfred Schlagdenhauffen, der Historiker des *Athenäums,* hat diesen Jenaer Aufenthalt der Romantiker die eigentliche «Konstituierung der romantischen Schule» genannt. Ein Nachhall dieser Zeit kann noch in Schlegels *Gespräch über die Poesie* gefunden werden, das die von Witz und Ironie belebten literarischen Diskussionen in diesem Zirkel festgehalten hat.

DER ZUSAMMENBRUCH DER ROMANTISCHEN SCHULE UND DIE REISE NACH PARIS (1801–1804)

Nietzsche hat es in «Ecce Homo» als ein «Meisterstück in der Kunst der Selbsterhaltung» angesehen, wenn man Existenzformen, die zur Routine zu werden drohen, mit plötzlichem Ruck von sich abschüttelt und dem Leben und Denken eine neue Richtung gibt. Einen ähnlichen Eindruck erwecken die dem *Athenäum* unmittelbar nachfolgenden Jahre, in denen sich ein so tiefgreifender Wandel in Schlegels Leben bemerkbar macht, daß man diese Zeit den großen Wendepunkt seiner Existenz nennen kann.

Freilich verstand Schlegel seine geistige Entwicklung selbst in einer organischeren, hauptsächlich von Platon bestimmten Denkweise als *immer weiter strebenden Gang* des Geistes, als *ewiges Werden, Bilden und Entwickeln,* dem er gern den Namen *Philosophische Lehrjahre* gab. In ihren einzelnen Phasen erscheint diese Entwicklung auch keineswegs als abrupter Bruch und noch weniger als plötzliche Entscheidung. Sie geht zudem konsequent aus dem Hang zum Mystizismus und der Tendenz zur Verinnerlichung hervor, die Schlegel und Novalis im letzten Jahrgang des *Athenäums* zum Ausdruck gebracht hatten. Auch hat sich Schlegel nicht selbständig vom Kreis der Romantiker gelöst, sondern dieser fiel von selbst auseinander, und der Zusammenbruch der Schule hatte ihn und Dorothea in eine schmerzliche Isolierung geraten lassen. Am 25. März 1801 stand er am Totenbett des Freundes Novalis, mit dem er die letzten Stunden in philosophischen Gesprächen verbracht hatte. *Gestern kam ich von Weißenfels zurück, wo ich vorgestern Mittag den 25ten, Hardenberg sterben sah*, berichtete er seinem Bruder. *Es ist gewiß, daß er keine Ahnung von seinem Tode hatte, und überhaupt sollte man es kaum möglich glauben so sanft und schön zu sterben. Er war so lange ich ihn sah von einer unbeschreiblichen Heiterkeit, und obgleich die große Kraftlosigkeit ihn die letzten Tage sehr hinderte selbst zu sprechen, so nahm er doch an allem den liebenswürdigsten Anteil und es ist mir über alles teuer, ihn noch gesehn zu haben. Teile diese Nachricht Tieck und Schleiermacher mit. Das nähere bleibt für die mündliche Erzählung aufbehalten.*

August Wilhelm Schlegel befand sich damals schon in Berlin. Er hatte Jena in einem Akt des Stolzes verlassen, weil zu dieser Zeit seine Ehe mit Caroline auseinanderbrach. Friedrich Schlegels unbefangene Frage vom 29. Oktober 1798: *Wo wird Schelling, der Granit, eine Granitin finden?*, hatte eine unerwartete Antwort erhalten, als Schellings «Urnatur» immer mehr von Caroline angezogen wurde und Caroline sich für den Rest ihres Lebens an den jungen Philosophen band. Friedrich Schlegel, der in brüderlicher Zuneigung vom Verhalten seiner Schwägerin offenbar mehr empört wurde als der eigene Ehemann, geriet nicht nur mit Caroline in einen scharfen Konflikt, sondern die geschickte Frau wußte sogar ihren Mann gegen den zu sehr um die Ehre seines Bruders besorgten Schwager einzunehmen und August Wilhelm Schlegels *wiederholte Versprechung, daß Karolinens Künste uns nie trennen sollten*, zunichte zu machen. So kam es jetzt zu einem ersten scharfen Zusammenprall der Brüder Schlegel, zum erstenmal richtete August Wilhelm Schlegel jene kalten, sarkastischen Briefe an seinen jüngeren Bruder, die noch dem späteren Leser den Atem verschlagen.

Auch mit Schleiermacher, der sich damals seiner literarischen und philosophischen Selbständigkeit bewußt wurde, hatte sich eine tiefe Entfremdung ergeben. Auf die Religionstheorie des Freundes, die dieser mit mystischer Wärme und ekstatischer Konfusion in den «Reden über die Religion» (1799) vorgetragen, hatte Schlegel mit ironischer Distanzierung reagiert und Goethes Haltung eingenommen, der diesem pantheistischen Gesang auf die Unendlichkeit des Universums eine «gesunde, fröhliche Abneigung» entgegenbrachte. Im März 1799 schrieb er dem Freund: *Etwas mager kam mir Dein Gott vor. Ich hoffe, Du wirst an dieser Stelle in der Folge schon tiefer graben ... damit sich kein Sack* (gemeint ist Schleiermachers kirchlicher Vorgesetzter, der Hofprediger Sack) *an ihnen freuen und überfüllen möge.* An Caroline hatte er deutlicher geschrieben, daß die *Religion von Familie, von Eltern und Kindern* für ihn *mehr Nerv und Nachdruck* habe, als wenn *Schleiermacher so umherschleicht wie ein Dachs um an allen Subjekten das Universum zu riechen.* Nun führte ein neues *Symprojekt*, die gemeinschaftlich mit dem Freund geplante Übersetzung von Platons Werken, zu dem die Beiträge Schlegels ausblieben, zu einer weiteren Verfremdung, die Schleiermacher später zu einem frostigen "Ερρωσο' zu einem «Lebewohl» veranlaßte.

Selbst jüngere Anhänger der romantischen Schule wie Clemens Brentano gerieten damals mit Schlegel in Konflikt. Brentano hatte dem Kreis der Romantiker große Bewunderung entgegengebracht und noch in seinem Roman «Godwi» gesagt: «Keiner, der in Jena war, nennt diesen Abschnitt seines Lebens ohne Dankbarkeit und angenehme Erinnerung» – wobei er neben Tieck besonders an die Bildungseinflüsse Friedrich Schlegels dachte. In der persönlichen Sphäre hatte Schlegel aber den empfindlichsten Punkt Brentanos verletzt. Als Pölchau einst über die schöne und vielbewunderte Sophie

Mereau bemerkte: «O sie ist eine Kanaille», hatte Schlegel geantwortet: *Aber doch eine reizende Kanaille*, und Pölchaus Antwort: «O sie ist eine bezaubernde Beischläferin» ganz im Sinne von Heinses «Ardinghello» verstanden, wo von Tizians Venus gesagt wird: «Bezaubernde Beischläferin und nicht Griechenvenus; Wollust und nicht Liebe; Körper bloß für augenblicklichen Genuß.» Im Sommer 1801 nahm Schlegel ein kurzfristiges Liebesverhältnis mit Sophie Mereau auf und lud damit die lebenslange Feindschaft Brentanos auf sich, der in seinem Werben kompliziertere Schritte unternahm und von einer tiefen Eifersucht erfaßt wurde.

So schrumpfte Schlegels vielfältiger romantischer Freundeskreis bald auf Ludwig Tieck zusammen, mit dem er sich damals zur Herausgabe der Schriften von Novalis eng zusammenschloß. Zu dieser Vereinsamung kam eine hoffnungslose Finanzlage, die jetzt durch die Verpflichtung, für Dorothea sorgen zu müssen, erheblich erschwert wurde. Um einen neuen Wirkungskreis zu finden, hatte sich Schlegel im Sommer 1800 an der philosophischen Fakultät der Universität Jena habilitiert und am 27. Oktober 1800 als Privatdozent ein Kolleg *Über Transzendentalphilosophie* eröffnet. Wie sich aus der Nachschrift dieser Vorlesung entnehmen läßt, entwickelte Schlegel darin zwar eine bedeutende und originelle Sonderform der idealistischen Philosophie, aber selbst dieses Unternehmen zerrann ihm unter den Händen, da Schelling, der das philosophische Katheder von Jena unumschränkt beherrschte, überraschend zurückkehrte und als akademischer Lehrer Schlegel in den Schatten stellte. So entschloß sich «Herr Friedrich mit der leeren Tasche», wie Brentano ihn spöttisch nannte, im April 1802 nach Berlin zu gehen und dort neue literarische Wirkungsmöglichkeiten zu erkunden, während Dorothea in Jena zurückblieb.

Die Erfolglosigkeit dieses Unternehmens ließ in Schlegel den Plan erwachsen, zusammen mit Dorothea Deutschland zu verlassen und in Paris neue Formen der Bildung und günstige Möglichkeiten literarischer Wirksamkeit zu suchen. Paris war damals ein blühendes geistiges Zentrum Europas. In zeitgenössischen Memoiren lesen wir von «aufgehäuften Schätzen der Kunst und des Wissens», von einem allgemeinen Zuströmen nach Paris aus allen Teilen Europas, von einer «Urbanität, wie sie zu überbieten unmöglich, und vielleicht nirgend sonst geübt wird». Die Museen füllten sich mit nie zuvor in dieser Fülle gesehenen «Kostbarkeiten aus dem Vatikan, den Palästen der Pitti, der Este, die sie, unbekümmert um den Wandel der menschlichen Dinge, sich für ewig angeeignet hielten, voll aufgehäuft, schnell ausgepackt, der Schaulust preisgegeben, bei jeder Abteilung die Warnungstafel: Citoyens, jouissez, mais ne touchez

Paris um 1800

pas!» Auf den Romantiker, der bereits im *Athenäum* verkündet hatte: *Wären uns nur die Schätze des Orients so zugänglich wie die des Altertums! Welche neue Quelle von Poesie könnte aus Indien fließen,* übten neben den *Antiken* und *Italiänern* des Louvre die reichhaltigen indischen und persischen Manuskripte, die sich als «Frucht der Siege des republikanischen Kriegsheeres» angesammelt hatten, ferner die provenzalischen Handschriften der Nationalbibliothek eine besondere Anziehungskraft aus. Darüber hinaus war Schlegel bestrebt, die deutsche Philosophie und Literatur hier bekannt zu machen, wo über diese neuartigen Erscheinungen des Nachdenkens und Dichtens noch die «verworrensten Begriffe» herrschten.

Die Reise vollzog sich nur langsam und in zögernden Etappen. Schlegel verließ Berlin am 17. Januar 1802, um zunächst einen viermonatigen Aufenthalt in Dresden zu nehmen. Hier traf er mit Dorothea wieder zusammen, die von Jena kam. Er freundete sich erneut mit Tieck an und führte mit diesem, wie auch mit Philipp Otto Runge, ausführliche Gespräche über die europäische Malerei, die später ein beherrschendes Thema der Pariser Zeit wurde. Die Reise verlief dann im Mai 1802 weiter nach Leipzig, wo sich Schlegel mit seinem Bruder versöhnte und auf der großen Buchmesse mit dem Frankfurter Verleger Wilmans den Vertrag zur Herausgabe einer neuen Zeitschrift abschloß, die von 1803 bis 1805 unter dem Titel *Europa* erschien.

Titelbild der Zeitschrift «Europa». Stich von Heinrich Lips nach einem Gemälde von Raffael

Die nächste Station war Weimar. Hier ließ Goethe am 29. Mai 1802 Schlegels Trauerspiel *Alarcos* aufführen. Mit diesem Drama wollte Schlegel, einer spanischen Vorlage folgend, in den Spuren Calderóns, einen neuen Typ des romantischen Dramas schaffen und mit prachtvollem metrischen Formenreichtum, im Konflikt von Ehre und Liebe, das Hineinragen der übersinnlichen Welt in die irdische Wirklichkeit gestalten. Freilich war Schlegels dramatisches Talent diesem großen Vorhaben nicht gewachsen. Dennoch machte das Stück beträchtlichen Eindruck auf die jüngere Generation der Romantiker, auf Fouqué, Collin oder Brentano, und wurde von Goethe, der es schätzte, auf späteren Gastspielen «viermal mit unendlichem Beifall» aufgeführt. Die Weimarer Premiere war freilich nicht von Erfolg gekrönt und wurde von Kotzebue und seinen Anhängern dazu benutzt, Goethe und der von ihm protegierten Kunstrichtung eine Niederlage beizubringen. Die Gräfin Henriette von Egloffstein berichtet, daß sich das überfüllte Schauspielhaus zunächst ruhig verhielt, dann aber, bei einer Szene unfreiwilliger Komik, in ein tobendes Gelächter ausbrach, «während Kotzebue wie ein Besessener unaufhörlich applaudierte». Goethe, der im Parterre «ernst und feierlich auf seinem hohen Armstuhle» thronte, soll bei dieser Gelegenheit aufgesprungen sein und «mit donnernder Stimme und drohender Bewegung: Stille! Stille!», oder, nach einem anderen Bericht: «Man lache nicht!» gerufen haben, womit sich der Tumult augenblicklich legte.

Die Reise führte weiter zur Wartburg, in das Elsaß und über Metz in die französische Metropole. Sie ist in ihren einzelnen Etappen und Erlebnisgehalten in dem Tieck gewidmeten Aufsatz *Reise nach Frankreich* geschildert, der die Zeitschrift *Europa* einleitet und gleichzeitig den ideologischen Hintergrund der nun beginnenden Periode bestimmt. Die Neuorientierung von Schlegels Denken, die sich in diesem Aufsatz bekundet, scheint darin begründet zu sein, daß das Erlebnis Frankreichs zu einem Gegenstand bewußter Reflexion wurde, daß sich diesem Denker, der bislang in der Bildungswelt mitteldeutscher Provinzstädte gelebt hatte, ein Erfahrungshorizont eröffnete, den er emphatisch als den *Westen der Welt* begrüßte und als würdige Antithese dem *Osten* konfrontierte. Europa und Asien werden nun für Schlegel Themen kulturphilosophischer Betrachtungen. Und ein Herzwort dieses Erlebnisses, Europa, wird konsequenterweise zum Titel seiner Pariser Zeitschrift.

Die «Vision des Abendlandes als einer Lebenseinheit» ging Schlegel erstmals am Rhein auf, sie vertiefte sich in Paris, das ihm als *eigentlicher Mittelpunkt* Europas, ja als *Capitale de l'Univers* erschien. Für Schlegels politisches Denken ist bezeichnend, daß er den Zusammenhang Europas auf eine enge Assoziierung, ja Fusion von Deutschland und Frankreich gegründet sehen wollte. In einer französisch geschriebenen Abhandlung, die unveröffentlicht geblieben ist, sagte Schlegel: *Wer auch immer über den gegenwärtigen Zustand des Menschengeschlechtes in Europa nachdenkt, viele Gründe werden ihn bald wünschen lassen, daß diese beiden Nationen, die wegen ihrer geistigen und moralischen Eigenschaften so schätzbar sind, nur eine werden; oder daß wenigstens die innigste Freundschaft sie verbinde, wie in vergangenen Zeiten die Römer trotz ihres politischen Aufstiegs... den erfindungsreichen Scharfsinn der Griechen, so sehr sie konnten, geschätzt, geschützt und nachgeahmt haben. – Auf Grund der großzügigen Prinzipien der instruction publique, welche sich die gegenwärtige französische Regierung zu eigen macht, läßt sich vermuten, daß Paris eines Tages das allgemeine Vaterland, die Hauptstadt der Wissenschaften wird – eine angenehme Aussicht, die Frankreich den Menschenfreunden bietet, welche sich für den Fortschritt der Aufklärung interessieren.* Während dieser Zeit notierte Schlegel in eines seiner Hefte: *Die große Frage ist: sollen die Europäer ein Volk werden (alles verschmolzen), oder jede Nation nur ganz sie selber sein? – Vielleicht beides wie es im Mittelalter war.*

Um dieses große Ziel der «geistigen Verschmelzung» beider Nationen zu befördern, arbeitete Schlegel an einem *Projet de constituer une académie centrale des littérateurs allemands à Paris,* das er dem damaligen Sekretär der Akademie der Wissenschaften, dem berühmten Naturhistoriker Cuvier, unterbreitete. Schlegel steht so am Beginn einer langen Reihe von Literaten, denen die Annäherung von Deutschland und Frankreich als der erste, notwendige Akt des europäischen Zusammenschlusses erschienen ist – eine Reihe, die sich über Charles de Villers, Madame de Staël, Victor Cousin, Victor Hugo, Heinrich Heine, Friedrich Nietzsche und Romain Rolland weiter erstreckt. «Daß ein geistig führender Deutscher in Paris und durch Frankreich zu Reflexionen über den Begriff Europa geführt wird, einen Begriff, dem kurz vorher Novalis eine so tiefsinnige Bedeutung gegeben hatte», sagte Ernst Robert Curtius über Schlegels Europa-Idee, «darin dürfen wir doch eine geschichtliche Notwendigkeit erblicken.»

Europa im umfassendsten Sinne – als Kontinent, als pluralistischer Nationenverband, als Geburtsstätte der modernen Dichtung, Philosophie und Wissenschaft – wird während der Pariser Jahre zum zentralen Thema des Schlegelschen Nachdenkens. Was den Charakter Europas in seinen Augen so anziehend macht und dem geistigen Leben dieses Erdteils seinen einzigartigen Reiz verleiht, ist die Vielheit, der Reichtum, die *unendliche Fülle* seines Bildungsgeistes. Hier konzentrieren sich der Norden und Süden, der Westen und Osten der Welt. Europa ist für Schlegel die Welt im kleinen und doch die ganze Welt. Es erwacht in ihm mit einem Wort das stolze Bewußtsein vom *Kosmopolitismus der europäischen Kultur,* für das August Wilhelm Schlegel den Begriff «europäischer Patriotismus» prägte.

Dem Aufsatz *Reise nach Frankreich* liegt ferner eine Art Metaphysik der Himmelsrichtungen zugrunde, die sich darin zeigt, daß hier vom Osten, Norden, Süden und Westen der Welt mit einer moralischen Färbung gesprochen wird, wie sie heute etwa im Begriff der «Westlichen Welt» gegeben ist. Freilich war Schlegel weit davon entfernt, aus seiner geographischen Position Superioritätsgefühle für sich herzuleiten. Vielmehr bemühte er sich gerade in diesen Jahren, durch das Studium des Sanskrit und des Persischen in die Geheimnisse des «Ostens» einzudringen. Vielleicht ist hier der literaturgeschichtliche Ort, an dem die Romantik die Anregungen Herders aufgriff und der Mythos des Ostens, die Zukunftserwartungen von den slavischen Nationen und von Asien, ein beherrschendes Thema des romantischen Geschichtsdenkens wurde. In seinem Aufsatz konfrontiert Schlegel den Osten und Westen der Welt, Asien und Europa. Wenn er schreibt, die Stärke Asiens liege darin, daß dort *alles in Einem mit ungeteilter Kraft aus der Quelle springt,* während sich in Europa *der Geist des Menschen zersetzen, seine Kraft sich ins Unendliche teilen* solle, und hinzufügt, daß die Zeit der Trennung nun aufhören müsse – denkt man an Nietzsche, der in einer berühmten Prophetie forderte, daß angesichts der asiatischen Geschlossenheit die «langgesponnene Komödie» der europäischen Kleinstaaterei endlich zu einem Abschluß kommen müsse – und sagte: «Die Zeit für kleine Politik ist vorbei: schon das nächste Jahrhundert bringt den Kampf um die Erdherrschaft – den Zwang zur großen Politik.»

In einer weiteren Bedeutung ist der Begriff Europa für Schlegel aber ein Programm: der Inbegriff dessen, was er im Kulturellen zu verwirklichen strebte. Dies auch als *Ahndung des Ganzen* bezeichnete Ideal geht keineswegs in der politischen Gestalt Europas auf. Die politische Europa-Idee ist eigentlich nur der Seitentrieb eines viel umfassenderen Bemühens, das sich auf die Gesamtheit der Kultur, alle Künste und Wissenschaften, ja das Zeitalter schlechthin richtet und jenen *neuen Mittelpunkt des Bewußtseins* realisieren möchte, mit dem schon im letzten Band des *Athenäums* das romantische Kulturideal bezeichnet wurde. Europa ist also letztlich als ein Eschaton zu verstehen, als eine geschichtsphilosophische Idee, mit der ein erstrebter Kulminationspunkt der Menschheitsgeschichte bezeichnet werden soll. *Das eigentliche Europa muß erst noch entstehen,* sagte Schlegel; und um den programmatischen Charakter dieses Begriffs zu verdeutlichen, betonte er, *daß wir eigentlich selbst in dem wahren Mittelalter leben und dieses fälschlich in die vergangene Zeit versetzt haben.*

Als Ludwig Tieck diese Sätze des an ihn gerichteten Aufsatzes las, antwortete er dem Verfasser mit einer Bemerkung, die wie eine Vorwegnahme von Friedrich Schlegels eigener geistiger Entwicklung klingt. «Nur glaube ich», schrieb er am 16. Dezember 1803, «gibt es zum Verständnis für das Herz nur einen Mittelpunkt, welchen du bis

Sulpiz und Melchior Boisserée. Zeichnungen von Joseph Schmeller und L. Schöninger

jetzt noch nicht anerkennen willst, und dieses sind die Offenbarungen des Christentums... Ich fühle mich gedrungen, dir dieses als einem Freunde zu sagen, dem ich so vieles zu danken habe, der in meinem Leben eine solche Epoche gemacht hat, wie du. Ob du mich ganz verstehen wirst, weiß ich nicht, aber ich weiß, daß du es liebevoll aufnehmen wirst und wir werden uns nach dieser Erklärung offener und vertrauensvoller mitteilen können als ehemals.»

Kurz nach seiner Ankunft, Ende Juli 1802, hatte Schlegel sich dem Vorhaben gewidmet, das ihn eigentlich in die französische Hauptstadt geführt hatte, nämlich sich mit der französischen Nation *in ein philosophisches Verhältnis zu setzen* und hier die romantische Literatur und idealistische Philosophie zu erschließen. Jeden Sonntag hielt er im Athenée des arts in der rue de la Loi, der heutigen rue de Richelieu, Vorlesungen über die neuere deutsche Literatur und Philosophie, die von zahlreichen prominenten Persönlichkeiten besucht wurden. Über den Inhalt dieses Kollegs ist leider nicht viel bekannt, aber aus den literaturwissenschaftlichen Aufsätzen der *Europa*, namentlich aus Schlegels Studie *Beiträge zur Geschichte der modernen Poesie und Nachricht von provenzalischen Manuskripten* können wir entnehmen, daß er sich damals wichtige neue Gebiete der Literaturwissenschaft eroberte. Im Winter 1802/03 wandte er sich der «Lusiada» des Camões zu, die ihm als ein *Teppich von unendlichem Leben* und unter den Werken der *Neuern* als das einzige erschien, *was noch neben Homer ein episches Gedicht genannt zu*

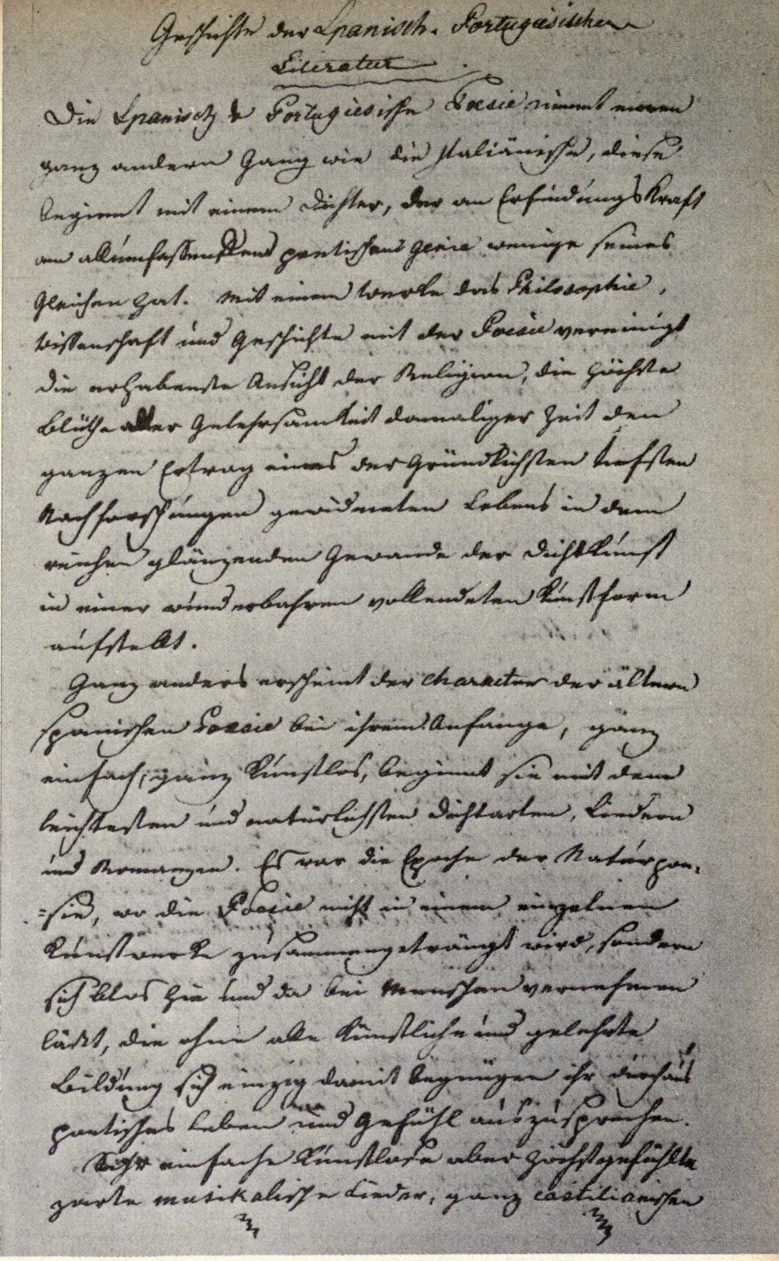
Geschichte der Spanisch-Portugiesischen Literatur

Die Spanische & Portugiesische Poesie nimmt einen ganz andern Gang wie die Italienische, diese beginnt mit einem Dichter, der an Erfindungskraft an allumfassendem genialischem Geiste wenige seines gleichen hat. mit einem Worte der Philosophie, Wissenschaft und Geschichte mit der Poesie vereinigt die erhabenste Ansicht der Religion, die größte Blüthe aller Gelehrsamkeit damaliger Zeit den ganzen Ertrag einer der gründlichsten kräftigsten Nachforschungen gereiftesten Talent in dem reichen glänzenden Gewande der Dichtkunst in einer wunderbaren vollendeten Kunstform aufstellt.

Ganz anders erscheint der Character der ältern spanischen Poesie bei ihrem Anfange, ganz einfach, ganz kunstlos, beginnt sie mit den kürzesten und natürlichsten Dichtarten, Liedern und Romanzen. Es war die Epoche der Naturpoesie, wo die Poesie nicht in einem einzelnen Kunstwerke zusammengedrängt wird, sondern sich überall hin und da bei Menschen verbreiten läßt, die ohne alle künstliche und gelehrte Bildung sich ganz damit begnügen ihr einfaches genialisches Leben und Gefühl auszusprechen.

Sehr einfache künstlose aber geistesgefühlte zarte musikalische Lieder, ganz castilianische

Aus der Boissereeschen Nachschrift von Schlegels Vorlesungen über die europäische Literatur

werden verdient. Er befaßte sich auch erstmals intensiver mit *dem Calderone,* der später als Lieblingsdichter August Wilhelm Schlegels eine Schlüsselfigur der deutschen Romantik wurde. Ein besonderes Verdienst hat sich Schlegel damals um die provenzalischen Handschriften der Pariser Nationalbibliothek erworben, die er nach Ernst Robert Curtius «dreizehn Jahre vor der ersten Textausgabe der Troubadourlieder durch den Franzosen Raynouard und mehr als zwanzig Jahre vor den epochemachenden Büchern von Friedrich Diez über das Leben und die Kunst der Troubadours» erforschte.

Mit diesen Studien hatte sich Schlegel die Grundlage erworben, ein erstes zusammenfassendes Werk der europäischen Literaturwissenschaft zu entwerfen. Die Stunde zur Ausführung dieses großes Planes kam im Herbst 1803, als drei junge, wohlhabende Kölner Kaufmannssöhne, die Brüder Sulpiz und Melchior Boisserée und Johann Baptist Bertram, die aus Abenteuerlust und Bildungshunger nach Paris gereist waren, dem renommierten Romantiker ihre Aufwartung machten – «ganz weiß gepudert, mit Taubenflügeln und Zöpfen, in Fracks, seidenen Strümpfen und Schuhen mit goldenen Schnallen». Bei dieser Gelegenheit baten sie Schlegel, ihnen ein privates Collegium zu halten, das sie «hart in Gold» vorausbezahlten, und Schlegel entschloß sich, ihnen die Geschichte der europäischen Literatur von den Griechen bis zur Gegenwart zu erläutern. Es mutet fast wie Ironie an und zeigt andererseits den geistigen Reichtum, den Schlegel um sich herum verstreute, daß dieses Kolleg – die bislang größte literaturwissenschaftliche Leistung in Deutschland, Vorläufer der beiden bedeutendsten geisteswissenschaftlichen Werke der Romantik, nämlich von August Wilhelm Schlegels «Geschichte der dramatischen Kunst und Literatur» (1808) und Friedrich Schlegels *Geschichte der alten und neuen Literatur* (1812) – vor drei jungen Hörern, denen sich später noch Helmina de Chézy zugesellte, vom November 1803 bis zum 11. April 1804 in Paris vorgetragen wurde.

Diese Vorlesungen sind inzwischen nach den Mitschriften der Brüder Boisserée ediert worden. Ihre Bedeutung scheint darin zu liegen, daß hier nach «charakterisierender» Darstellungsmethode, bei der sich der historische Blick mit der philosophischen Sehweise zur Geschichtsphilosophie vereinigt, die europäische Literatur als Einheit, als *progressive Universalpoesie* verstanden wird. Insgesamt betrachtet, unternahm Schlegel den Versuch, unter dem Gesichtspunkt der romanisch-germanischen Sprach- und Kultureinheit, auf dem Hintergrund der griechischen Geisteskultur, die geistige Landschaft Europas mit der Entfaltung der Literaturen Frankreichs, Italiens, Spaniens, Portugals, Englands, der nordischen Nationen und Deutschlands zu zeichnen.

DIE KONVERSION
(1804–1808)

Trotz der vielen neuen Themen, die hier auftauchen, bewegen sich diese Arbeiten immer noch in der Bildungswelt des *Athenäums* und lassen die Romantik als eine Strömung erscheinen, die hauptsächlich um die Neubegründung der Literatur und Philosophie bemüht war. Aber schon in diesen Jahren wurde mit dem Postulat ernst gemacht, *alle Künste und Wissenschaften* vom romantischen Geist aus zu durchdringen. Und daß nun, nachdem die Theorie der romantischen Literatur eine bestimmte Formulierung gefunden hatte, auch eine Theorie der romantischen Malerei entwickelt wurde, die ebenso wie die Literaturtheorie *ganz auf historischem Grunde* ruhte, gibt der Pariser Epoche ihre charakteristische Note und macht die eigentliche Bedeutung der *Europa* aus. Mehr als die Hälfte dieser Zeitschrift besteht aus Aufsätzen mit Titeln wie *Raphael, Nachricht von den Gemälden in Paris, Vom Raphael, Nachtrag alter Gemälde* usw., in denen Schlegel mit impressionistischer Technik Gemälde der italienischen Renaissance oder der sogenannten *altdeutschen Malerkunst* schildert, und von ihnen aus den modernen europäischen Bildungsgeist, den dolce stil nuovo der Malerei entwickelt.

Die große Neuerung, die diese Gemäldebeschreibungen damals darstellten, ist uns heute schwer verständlich. Längst sind die Werke, auf die Schlegel aufmerksam machte, zum allgemeinen Bildungsbesitz geworden, und andererseits ist uns die Kunstrichtung, gegen die er ankämpfte – jene antikisierende Kunstauffassung, die hauptsächlich in Goethes «Propyläen» verfochten wurde –, so fremd geworden, daß wir kaum noch einsehen können, wieso der Preis Correggios, Tizians, Albrecht Dürers oder Altdorfers auf Widerstände stoßen konnte. Dennoch stellt die *Europa* einen Wendepunkt in der Geschichte des deutschen Kunstgeschmacks dar. Mit diesen Aufsätzen wurde Schlegel, wie Hans Eichner herausgearbeitet hat, der «größte literarische Anreger» der romantischen Malerkunst, überhaupt der erste Denker, der für die neue Kunst nicht nur eine theoretische Grundlage geschaffen, sondern diese auch dem «Klassizismus von Goethes ‹Propyläen› bewußt gegenübergestellt und öffentlich gegen diesen behauptet» hat. Noch im Jahre 1817 hat Goethes Freund Heinrich Meyer eine scharfe Polemik gegen den «neuen altertümelnden, katholisch-christlichen Kunstgeschmack» entfaltet, der Maler wie Tizian, Correggio, Giulio Romano, del Sarto etc. den Vorzug vor der klassizistischen Linie gab. Aber zu dieser Zeit hatte sich die *Europa* schon durchgesetzt und, wie H. Meyer widerwillig zugesteht, «ein gewissermaßen gesetzgebendes Ansehen bei den Teilnehmern des von ihr begründeten Kunstgeschmacks behauptet».

Die wichtigsten Studien der Pariser Zeit waren aber der orientalischen Geisteswelt gewidmet. Schlegel fand in Antoine Léon de Chézy – damals noch an der Manuskriptabteilung der Pariser Nationalbibliothek tätig – seinen Lehrmeister im Persischen. Wichtiger noch als diese Bemühungen um die persische Sprache und Literatur, ja geradezu eine Gründerleistung für die deutsche Indologie wurde Schlegels damals begonnenes Studium des Sanskrit, das er mit einem ähnlichen Elan und derselben schnellen Einfühlungsgabe meisterte wie seinerzeit, als Fünfzehnjähriger, das Erlernen der griechischen Sprache. Schlegels Lehrmeister im Sanskrit wurde Alexander Hamilton, ein in Ostindien geborener Schotte, der wegen der Kriegsverhältnisse nicht nach England zurückkehren konnte. Er gab Schlegel «täglich von zwei bis fünf Uhr» mündlichen Unterricht. Nach wenigen Monaten schon, am 15. Mai 1803, konnte August Wilhelm Schlegel die Nachricht übermittelt werden: *Vieles, vieles hab' ich erlernt. Nicht nur im Persischen Fortschritte gemacht, sondern endlich ist auch das große Ziel erreicht, daß ich des Samskrit gewiß bin. Ich werde binnen vier Monaten die Sakontala in der Urschrift lesen können.*

Trotz dieser vielfältigen geisteswissenschaftlichen Tätigkeiten gelang es Schlegel nicht, in Paris Fuß zu fassen. «Wer in Paris nur einmal durchgedrungen ist, der ist geborgen», so hatte Dorothea am 21. November 1802 in einem Brief an Schleiermacher ihre Wünsche zusammengefaßt. Aber schon kurz danach rief sie aus: «Himmelschreiend ist es, daß Friedrich hier nicht wenigstens ein Jahr lang ungehindert und ungestört studieren kann, welche Schätze wären sein und der ganzen Welt.» Friedrich und Dorothea Schlegel hatten zunächst ihre Wohnung in der «rue de la Victoire près celle de Montblanc nro. 2 chez Mr. Pobecheim» genommen und waren dann für kurze Zeit in der rue Cadet-Faubourg-Montmartre gezogen. Als die beruflichen Hoffnungen zerrannen, nahm Dorothea das harte Los auf sich, eine Art Pension zu eröffnen. Zu diesem Zweck bezogen Friedrich und Dorothea Schlegel im November 1802 in einem ehemaligen Besitz des Baron d'Holbach in der rue de Clichy Nr. 19 – «einer der schönsten Straßen Frankreichs» – eine größere Wohnung, die sie für «500 francs jährlich, das sind 125 Reichthaler sächsisch» mieteten. Im Herbst 1803 hatten die Brüder Boisserée mit Johann Baptist Bertram dort Logis genommen, wo bereits zwei weitere Pensionsgäste wohnten: Alexander Hamilton, Schlegels Lehrmeister im Sanskrit, und Gottfried Hagemann, ein junger Hannoveraner, der sich an den persischen Sprachstudien beteiligte. Auch Helmina von Hastfer, eine geborene Freiin von Klenck und Enkelin der Karschin, lebte in Schlegels Haus. Die «schöne und gutmütige, aber völlig unbeherrschte» und durch «grenzenlosen Leichtsinn» gekennzeichnete junge Frau, wie Josef Körner sie charakterisierte, war als eine Art Auslandskorrespondentin in Paris tätig und gab bei Cotta die «Französischen Miszellen» heraus. Schlegel hat Helmina von Hastfer mit Antoine Léon de Chézy bekannt gemacht, den sie später heiratete. Da sie mit der «schönen, allgemein verehrten Madame Récamier», mit Frau von Krüdener, dem Direktor der Museen Denon und vielen anderen Persönlichkeiten in Paris gut bekannt war, kam durch sie, wie Sulpiz Boisserée bemerkte, auch ein Anhauch der großen Gesellschaft in Schlegels Haus, wo man sonst in seinen Studien ein «ziemlich abgeschlossenes Leben führte».

Die Erfolglosigkeit seiner beruflichen Bemühungen mag dazu beigetragen haben, daß Schlegel im Verlauf seines Parisaufenthaltes zunehmend kritischer gegenüber Frankreich wurde. Wahrscheinlich leitete sich sein Gesinnungswandel auch aus einer im Ausland ganz natürlich entspringenden apologetischen Haltung her. «Hier auf fremdem Boden», sagte Ernst Robert Curtius, «wurde ihm sein Deutschtum und die geistige Prägung, die er von seinem Vaterland empfan-

Der Kölner Dom um 1820

gen hatte, intensiv bewußt.» Schlegel drückte dies in seiner eigenen Art viel plastischer aus, indem er am 16. September 1802 seinem Bruder schrieb: *Auch die Menagerie hier ist sehr schön; besonders der Elephant hat mir viel Achtung und Teilnahme eingeflößt. Er ist unstreitig nächst mir derjenige welcher am wenigsten hier zu Hause gehört.* Als deshalb die Brüder Boisserée bei ihrem Aufbruch im April 1804 anregten, Schlegel möchte mit ihnen kommen, um bei der damals geplanten Kölner Universität eine Professur zu übernehmen, entschloß er sich, Paris wieder zu verlassen und in *Kölln am Rhein – einer sehr wohlhabenden ehemaligen Reichsstadt im Departement de la Roër, ungefähr von der Volksmenge wie Dreßden,* wie er seiner Schwester erklärte – eine neue Existenz zu gründen.

So wenig der Aufenthalt in Köln die beruflichen Hoffnungen erfüllte, so wichtig ist er für den Bildungsgang, die *Philosophischen Lehrjahre* Schlegels geworden. Zunächst ging ihm auf dem Weg von Paris nach Köln der Sinn für die Schönheit der gotischen Architektur auf. Eigentümlicherweise hatte sich Schlegel diesem Baustil bislang verschlossen, und erst die Boisserées haben ihn in Paris vor die Kathedrale von Notre-Dame geführt. Unter der kundigen Anleitung von Sulpiz Boisserée, in dem damals schon das Kölner Dombauprojekt keimte, befaßte sich Schlegel eingehend mit den Kathedralen Nordfrankreichs, Hollands, Belgiens und des Rheinlands. Indem er die hier erfahrenen Anregungen mit den Erlebnisgehalten einer späteren Reise nach Straßburg, Genf und Lyon zusammenschloß, schrieb er den Aufsatz *Briefe auf einer Reise durch die Niederlande, Rheingegenden, die Schweiz und einen Teil von Frankreich,* den er als wichtigsten Beitrag in sein *Poetisches Taschenbuch* für das Jahr 1806 aufnahm. Dieser Aufsatz hat den Ruhm erlangt, nach langem Intervall ein weites neues Interesse an der gotischen Baukunst wiedererweckt zu haben.

Auch im Rheinland, in Düsseldorf und vor allem in Köln, tat sich für Schlegels Kunststudien ein breites Erlebnisfeld auf. Durch die Säkularisation von 1803 waren «unersetzliche Kunstschätze» der Klöster und Abteien herrenlos geworden und wurden teilweise auf der Straße verschleudert. In jenen Jahren legten die Brüder Boisserée den Grundstock für die berühmte, später der Münchner Pinakothek einverleibte Boisserée-Sammlung. Schlegel beteiligte sich beratend an dieser konservierenden Tätigkeit, er trat auch mit anderen Kölner Kunstsachverständigen wie Wallraf und Lyversberg in freundschaftliche Beziehung und beschrieb die schönsten der von ihnen erworbenen Gemälde in der *Europa.*

Friedrich und Dorothea Schlegel wohnten in einem der schönsten Teile Kölns, im Haus der Frau von Blankart, der Äbtissin von St.

Schlegels Kölner Wohnung in St. Marien auf dem Kapitol

Marien auf dem Kapitol. Schlegel widmete sich damals vornehmlich einem bereits in Paris geplanten Werk, mit dem er die indische Geisteskultur erstmals in Deutschland erschließen wollte und das er 1808 unter dem Titel *Über Sprache und Weisheit der Indier* veröffentlichte. Da sich die Pläne zur Errichtung der Kölner Universität verzögerten und schließlich scheiterten, verdiente er sich den Lebensunterhalt – übrigens recht kümmerlich – mit einer ausgedehnten Vorlesungstätigkeit, die er teils öffentlich als «Professeur à l'école supérieure», teils privat vor *den vornehmsten und gelehrtesten Männern in Köln* entfaltete. In den drei Jahren von 1804 bis 1807 hat er über folgende Themen in Köln doziert: *Geschichte der Literatur der alten und neuen Zeit* (28. Juni 1804 bis 11. April 1805); *Die Entwicklung der Philosophie in zwölf Büchern* (Juni 1804 bis März 1805); *Universalgeschichte* (Sommer 1805 bis 1. Juli 1806); *Über Propädeutik und Logik, incl. der Kritik der philosophischen Systeme* (November 1805 bis August 1806); *Über deutsche Sprache und Literatur und die Geschichte ihrer Meisterwerke* (12. Juni bis 21. August 1807).

Im einzelnen lassen sich diese Kollegs hier nicht besprechen, mit denen das Vorlesungsprogramm einer geisteswissenschaftlichen Fakultät fast hätte bestritten werden können. Von jeder Vorlesung haben sich aber ausführliche Hörernachschriften erhalten, die in der kritischen Ausgabe fünf starke Bände füllen. Aus ihnen geht hervor, daß Schlegel auf jedem der behandelten Gebiete weit über seinen bisherigen Bildungsstand hinausging und wesentlich neue Einsichten darstellte. Die Vorlesungen *Über deutsche Sprache und Literatur* zum Beispiel behandeln erstmals linguistische Themen und enthalten die ersten ausführlichen Darlegungen von Schlegels Sprachphilosophie; sie sind darüber hinaus sein reifstes Wort zur romantischen Literaturtheorie. Über die philosophischen Vorlesungen, die 1836 nach Schlegels Tod herausgegeben wurden, sagte C. H. J. Windischmann, der Editor: «Sie stehen nicht allein auf der Höhe der damaligen Philosophie (1804–06) und Friedrich Schlegel hatte nicht bloß alles, was damals schon hervorgebracht war, sich angeeignet und selbständig verarbeitet, er hatte auch selbst mit hervorgebracht und ging als ein divinatorischer Geist über das schon zustande Gekommene hinaus zu einem Idealismus, der alle Elemente des natürlichen und geistigen Lebens vereinigen und zugleich das Unzureichende der bereits gemachten Versuche nachweisen sollte.»

All diese reichhaltigen Arbeiten werden aber von einem Ereignis überschattet, in dem nicht allein die in Köln verbrachten Jahre, sondern die ganze bisherige Entwicklung Schlegels zusammenläuft. Es fand statt, als er im April 1808 zusammen mit Dorothea zur katholischen Kirche übertrat.

Von außen betrachtet, mußte die Konversion des führenden Kopfes der romantischen Bewegung einen Überraschungsschock auslösen, und tatsächlich wurde sie einer der großen literarischen Skandale jener Jahre, mit dem verglichen die *Lucinde*-Affäre eine Bagatelle war. Von Schlegels geistigem Werdegang aus besehen, war die Konversion aber nichts anderes als der konsequente letzte Akt einer langen Entwicklung, der allein aus äußeren, zufälligen Gründen nicht schon früher erfolgt war – und in dieser Folgerichtigkeit nicht für ihn allein galt. Wie die religiöse Entwicklung bei Novalis weiterverlaufen wäre, wissen wir nicht. Aber von Tieck ist bekannt, daß er damals eine ähnliche Richtung einschlug. Selbst August Wilhelm

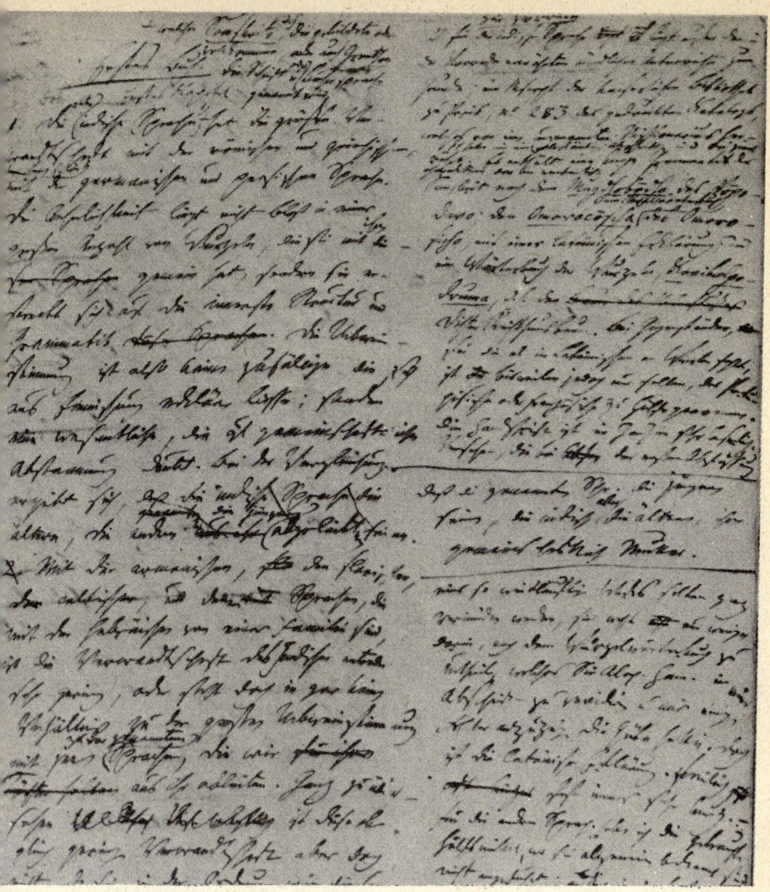

Aus Schlegels Manuskript «Über Sprache und Weisheit der Indier»

Schlegel «katholisierte» in dieser Zeit, unterdrückte diese Tendenzen freilich sofort, als er sah, welch unheilvolle Folgen sie für seinen Bruder hatten, in welche Isolierung, ja Verfemung dieser damit geraten war. In der jüngeren Generation der Romantiker wurde der Katholizismus direkt zum Stilmerkmal des Romantischen, und zweifellos kann man eine ursprüngliche Affinität der Romantik zum Katholizismus annehmen, wenn man das Wesen des Romantischen mit Eichendorff darin sieht, «das Irdische nur als Vorbereitung und Symbol des Ewigen» aufzufassen – eine Annahme, die bereits das zentrale Thema im letzten Band des *Athenäums* gewesen war.

Schon mit der pantheistischen Naturreligion, die Schlegel zusammen mit Schleiermacher und Novalis entwickelt hatte – und die man, nach Dorotheas Bemerkung, später in Jena so «trieb wie Schiller das Schicksal» –, begann der Weg, der in verschiedenen Phasen bis zur Kölner Konversion weiterverlief. Freilich führte der Pantheismus nur zur *Konstitutierung des Bewußtseins des Unendlichen*, zu einer Religion ohne Gott. Mit diesem System war für Schlegel ferner eine kritiklose Vergöttlichung alles Bestehenden verbunden, die sich mit den Widerständen und Abgründen der «Materie», des «Bösen», des «Sündenfalles», wie sie die Lektionen der geschichtlichen und persönlichen Erfahrung enthalten, nicht in Einklang bringen ließ. Seit seinem Aufbruch nach Paris wurde Schlegels philosophisches Denken mehr und mehr von der Auseinandersetzung mit dem Pantheismus gefangengenommen. Die fesselndsten Partien seiner Kölner Vorlesungen sind diesem Thema gewidmet, und mit der Kritik am Pantheismus im Indien-Buch löste Schlegel bei Schelling die entscheidende Bewegung «von der negativen zur positiven Philosophie» aus. Schlegel nahm hier auch die bekannte Ansicht Nietzsches vorweg, daß konsequenter Pantheismus letztlich Nihilismus sei, weil alles im unendlichen Abgrund der Gottheit ertrinkt.

Ein anderes Thema, das auf Schlegels religiöse Entwicklung Einfluß gewann, bestand in der vergleichenden Mythenforschung, die er im Zusammenhang seines Indien-Buches, aber auch in bezug auf die griechische Mythologie in Paris aufnahm. Im Verlauf dieser Studien glaubte Schlegel zu dem Ergebnis zu kommen, daß der widersprüchliche Bilderreichtum der verschiedenen Mythologien nicht allein *Gedicht der Vernunft* sei, daß sich vielmehr alle Mythologien als entstellte Wiedergaben einer ursprünglich theistischen Religion erwiesen, die den Menschen in einer *Uroffenbarung* vom göttlichen Wesen eingehaucht sei. *Die historische, alles auf Tatsachen, und die psychologische, alles auf Erfindungen der Phantasie zurückführende Ansicht der Mythologie kann freilich sehr vieles erklären, reicht aber bei keiner einzigen Mythologie aus*, sagte er in seinen Pariser Vorlesungen über die *Europäische Literatur. Denn es wird sich schwerlich eine Mythologie auffinden lassen, in der nicht Spuren des wahren Begriffs der Gottheit, wenngleich durch fremdartige Beimischungen entstellt, vorhanden wären.* Auch in dem Werk *Über Sprache und Weisheit der Indier* glaubte er die Auffassung vertreten zu können, *daß es bei aller Verschiedenheit unter sehr entfernten Mythologien gewisse allgemeine Übereinstimmungen gebe und daß bei aller Willkür spielender Dichtung doch nicht alles bedeutungslos ist, vieles auf einen und denselben Sinn zurückweist* – wobei er ebenfalls an die theistische *Uroffenbarung* dachte.

Selbst die Kunststudien dieser Jahre, die Beschäftigung mit der gotischen Baukunst, wie auch die Erforschung vorherrschend katholischer Literaturepochen und christlicher Autoren wie Calderón und Camões lassen sich zu Schlegels religiöser Entwicklung in Beziehung bringen. Während der Kölner Jahre befaßte er sich auch intensiv mit der patristischen und scholastischen Philosophie und bewies dabei eine erstaunliche Einfühlungsgabe in diese damals noch dunkle und unerforschte Epoche des europäischen Geisteslebens. Alle diese verschiedenen Studien wirkten zweifellos zusammen, daß er in seine philosophischen Hefte von 1806 einen Satz wie den folgenden schreiben konnte: *Katholischwerden heißt nicht die Religion verändern, sondern überhaupt nur sie anerkennen.*

Dennoch kann der tiefste Grund für Schlegels Konversion nicht in diesen intellektuellen Betätigungen gefunden werden. Er liegt auf der personalen, ja der sakramentalen Ebene und ist damit unerforschbar. *Die Vernunft vermag auch in ihrer höchsten Verfeinerung sich nur zu einer negativen Idee des Unendlichen zu erheben,* sagte er in seinen philosophischen Vorlesungen von Köln. *Die Vernunft an und für sich bringt es nicht weiter bis zu einem leblosen Es,* so ergänzte er diesen Gedanken im Jahre 1812: *Kein wahrhaftes Du ... kann sie ohne andere Hilfe jemals zustande bringen; man dürfte sagen, daß jedes wahrhafte Du eine Liebe voraussetzt, die mehr ist und etwas anderes als die Vernunft; wie viel mehr denn jenes höchste Du ... Nur in diesem Du aber wird das tote Es, das notwendige Wesen der Vernunft, zu jenem Er, dem lebendigen Gott ... und nur dadurch wird das ewig in sich selbst kreisende und schwindelnde Ich aus sich selbst herausgerissen und mit diesem furchtbaren Er im liebevollen Du verbunden.*

Bereits im Jahre 1803 war Schlegel entschlossen, Katholik zu werden. Helmina de Chézy hat diese Entwicklung selbst miterlebt und allmählich erkannt, daß wiederholte Äußerungen über die katholische Religion von Schlegel, der doch «vieles aus reiner Ironie» sagte, ernst gemeint waren. Allein die Pietät vor der Mutter hielt Schlegel damals von einem formalen Glaubenswechsel ab. Aus diesem Grunde fand auch die Trauung mit Dorothea, die am 6. April 1804 gleichzeitig mit Dorotheas Taufe erfolgte, in der evangelischen Hauskapelle der schwedischen Gesandtschaft zu Paris statt – an demselben Ort und durch denselben Pastor Gambs, der 18 Jahre vorher Anne Germaine Necker mit dem Baron de Staël-Holstein getraut hatte. Dorothea überwand damals die schwersten seelischen Hemmungen vor dem Beispiel ihres Vaters, der aus einem ähnlichen Grund wie Henri Bergson in neuerer Zeit nicht zum Christentum übergetreten war. Helmina de Chézy hat einen ergreifenden Bericht über jenen

«Montag morgen» in der schwedischen Kapelle geschrieben, an dem Friedrich Schlegel «den Anschein von Gleichmut» behielt, «den er stets in wichtigen Augenblicken zu behaupten wußte», während Dorothea «gewaltig erschüttert» war und anschließend sagte, «mit der Hand auf die rechte Seitenwand des Altars hindeutend: ‹Dort habe ich während der Taufe meinen Vater gesehn, er lächelte mir zu, indes ich sie empfing, dies hat mich wunderbar beruhigt, gekräftigt und erfreut›!»

Als Dorothea in Köln mit ihrem Mann den katholischen Glauben annahm, mußte sie eine noch schwerere Selbstüberwindung zeigen und ihren hochbegabten, nun zwölfjährigen Sohn Philipp, der als zukünftiger Maler von Schlegels Kunststudien tief beeinflußt wurde, an den Vater Simon Veit zurückgeben. Nach dem katholischen Kirchenrecht war nämlich die Ehe mit Veit rechtmäßig und die in Paris mit Schlegel geschlossene Ehe ungültig. Um nun mit Schlegel verheiratet zu werden, gab es als Ausweg nur das sogenannte «Privilegium Paulinum» (1 Kor. 7, 15), wonach eine jüdische Ehe in dem Fall für aufgelöst erklärt werden kann, wenn der eine Teil zum Christentum übertritt, während der andere ein eheliches Zusammenleben unmöglich macht. Dieser Fall wurde hier angenommen. Da aber die Ehe mit Schlegel ohne kirchliche Dispensation geschlossen war, mußte sie nachträglich gültig gemacht werden. Dies geschah nach der Eintragung in das Trauungsbuch der Dompfarre am 18. April 1808 durch den Bischof von Aachen.

AUSTRIA ERIT IN ORBE ULTIMA
(1808–1812)

Zu den bemerkenswertesten Ereignissen der Kölner Jahre zählt sicher auch, daß sich damals die brüderliche Freundschaft zwischen Friedrich und August Wilhelm Schlegel völlig wiederherstellte. Der letzte Rest an Frostigkeit und Mißtrauen, der trotz der Versöhnung in Leipzig immer noch bestanden hatte, wurde dahingeschwemmt, als Friedrich Schlegel im Juli 1804 mit *unaussprechlicher Freude* eine briefliche Äußerung *brüderlicher Liebe* empfing und diese in ihm *mehr als je Sehnsucht und Bedürfnis* erweckte, August Wilhelm Schlegel *zu sehen, ja wo möglich recht lange* mit ihm vereint zu leben.

August Wilhelm Schlegel wohnte damals schon seit einigen Monaten auf Schloß Coppet am Genfer See. Für ihn hatte bereits die fast fünfzehn Jahre dauernde Episode seines Lebens begonnen, die er als Gefährte Madame de Staëls verbrachte. Als die berühmte Französin kurz nach dem Staatsstreich des 18. Brumaire von Napoleon des Landes verwiesen wurde, hatte sie den Winter 1803 und Frühling 1804 in Deutschland verbracht, um in direkten Gesprächen mit den «Genies jenseits des Rheins» ihr Buch «De l'Allemagne» vorzubereiten. Goethe hatte ihr empfohlen, August Wilhelm Schlegel als Cicerone durch das verschlungene Dickicht der deutschen Philosophie und Literatur zu wählen. Als Madame de Staël dem jungen Gelehrten in Berlin begegnete, war sie von seiner Persönlichkeit wie von seinen Kenntnissen derart beeindruckt, daß sie am 23. März 1804 ihrem Vater Necker schrieb: «Ich tue, was ich kann, um ihn dazu zu bewegen, mit mir zu kommen; er könnte natürlich nicht Erzieher meiner Kinder werden – dazu ist er zu bedeutend – aber er könnte Albert während der Monate, die er in Coppet ist, Stunden geben. Gleichzeitig würde ich für mein geplantes Werk viel gewinnen, und vor allem bin ich sicher, daß er Dir nicht mißfiele.»

Für Friedrich Schlegel war der Besuch bei seinem Bruder nicht nur eine angenehme Gelegenheit, in den literarischen Kreis von Coppet eingeführt zu werden, sondern auch die lang ersehnte Möglichkeit, auf dem Rückweg nach Köln in Paris Station zu machen, um dort zur Vollendung des *indischen Werkes* noch einmal die früher benutzten Manuskripte konsultieren zu können. Als er sich von Anfang Oktober bis Mitte November 1804 in Coppet aufhielt, vermerkte der etwas familienstolze, aber sicher auch unter Eifersucht gegenüber Benjamin Constant leidende August Wilhelm Schlegel mit Befriedigung, welchen Eindruck der jüngere Bruder auf seine für Geist und Männlichkeit sehr empfängliche Freundin machte. «Er gefällt sich hier sehr in unserm Zirkel», schrieb er am 16. Oktober an Sophie Bernhardi-Tieck, «und ich darf hinzufügen, er gefällt auch selbst außerordentlich.» Zwar machten sich damals schon bei Friedrich Schlegel jene Anzeichen von Körperfülle bemerkbar, die Caroline später zu der boshaften Bemerkung veranlaßten: «Fast soll er schon fett, bequem und schwelgerisch wie ein Mönch sein»; aber nach August Wilhelm Schlegel waren sie bloß Zeichen von «Fülle der Kräfte», und mit ihnen paarte sich eine Unbefangenheit gegenüber der Eitelkeit Madame de Staëls, die Friedrich Schlegel von vornherein von ihrer recht servilen Umgebung unterschied und der Französin offenbar gut gefiel. «Ich war recht betrübt, mein lieber Friedrich, daß aus unseren Plänen für dieses Jahr nichts geworden ist», schrieb sie, als Schlegel im Spätsommer 1805 eine erneute Einladung absagte: «Dennoch halte ich immer die Hoffnung aufrecht, mich Ihnen anzunähern, und der bevorstehende Sommer wird nicht ablaufen, so hoffe ich, ohne daß wir uns gesehen haben.» Am 4. November 1805 bot sie dem stets unter Geldnot leidenden Autor eine beträchtliche Unterstützung an und schloß mit dem Wunsch: «Zu meinen beständigsten Wünschen rechne ich Umstände, die mich immer in der Nähe Ihrer Unterhaltung leben lassen.»

Schlegel war während der Kölner Zeit auf finanzielle Hilfen wie nie zuvor angewiesen, vor allem auch deshalb, weil die Vollendung des Indien-Buches eine abermalige Reise nach Paris nötig machte, die er aus seinen kärglichen Vorlesungshonoraren nicht selbst bestreiten konnte. So übernahm er die deutsche Übersetzung von Madame de Staëls Roman «Corinna», die er freilich durch Dorothea ausführen ließ, und trug seiner Gastgeberin in Privatvorlesungen unter dem Titel «Métaphysique» die neuere deutsche Philosophie vor, als er vom November 1806 bis zum April 1807 auf Madame de Staëls Schloß Acosta bei Aubergenville in der Normandie weilte. Damals gelang es ihm auch, seinen Bruder für kurze Zeit nach Paris zu entführen und in August Wilhelm Schlegel ein Interesse an der Indologie zu entzünden, das später zu den hervorragendsten Resultaten führte. Wie in den Tagen des *Athenäums* planten die Brüder eine gemeinschaftliche Zeitschrift, in der sie die Geisteswelt des Mittelalters erschließen wollten; und in der Zeitschrift «Prometheus» besangen sie sich im Jahre 1808 wechselseitig in Sonetten *An August Wilhelm Schlegel*, «An Friedrich Schlegel».

August Wilhelm Schlegel bemühte sich damals intensiv darum, seinem hart an der Existenzgrenze lebenden Bruder eine berufliche Position zu verschaffen. Aber die Kölner und schließlich auch die Düsseldorfer Universitätspläne scheiterten, obwohl Madame de Staël zu ihrem Gelingen zahlreiche Persönlichkeiten mobilisiert hatte. Schlegels Gesuch von 1805, an der im Jahre 1803 neu organisierten Würzburger Universität eine Philologieprofessur zu erhalten, wurde abgelehnt. Auch andere Pläne schlugen fehl. Schlegel war damals bereit, eine durch Madame de Staël vermittelte Stellung bei dem Herzog von Sachsen-Gotha, selbst eine Position bei der persischen Gesandtschaft oder sogar eine Hofmeisterstelle bei Lady Temple in Rom anzunehmen. So war dieser Denker, dem in Deutschland nie eine ihm angemessene berufliche Position zuteil geworden ist, wieder auf die Unterstützung durch seinen Bruder angewiesen, um wenigstens das Werk *Über Sprache und Weisheit der Indier* vollenden zu können.

Madame de Staël als Corinna. Gemälde von Elisabeth Vigée-Lebrun

Da bot sich plötzlich eine Gelegenheit, die beruflichen Sorgen des Bruders zu lösen, als August Wilhelm Schlegel im Frühling 1808 zusammen mit Madame de Staël die berühmte Reise nach Wien antrat. Der ältere Schlegel trug in der Kaiserstadt seine epochemachenden Vorlesungen über die «Geschichte der dramatischen Kunst und Literatur» vor: «... vor wirklich auserwählten Zuhörern, Fürsten, Grafen und Herren, Ministern, Generalen, Gelehrten und Künstlern sowie deren Frauen; die Damen nahmen die ersten Stühle ein, die Männer saßen dahinter oder standen in der Mitte.» Auch der gesellschaftliche Glanz, den das Haus Madame de Staëls ausstrahlte, erschien als geeignetes Medium, um die Ankunft des jüngeren Schlegel vorzubereiten. Als August Wilhelm Schlegel von Kaiser Franz I. in Privataudienz empfangen wurde, nahm er sogar diese Gelegenheit wahr, seinem Bruder den Weg in die Kaiserstadt zu bahnen, und der Kaiser versprach, auch dem jüngeren Schlegel seine Sympathie zu schenken.

Als Gründe, die seinen Bruder nach Wien führten, hatte August Wilhelm Schlegel archivarische Forschungen zur österreichischen Geschichte und die Arbeit an einem Trauerspiel «von dem Leben und den Taten des glorreichen Kaisers Carls des Fünften» angegeben.

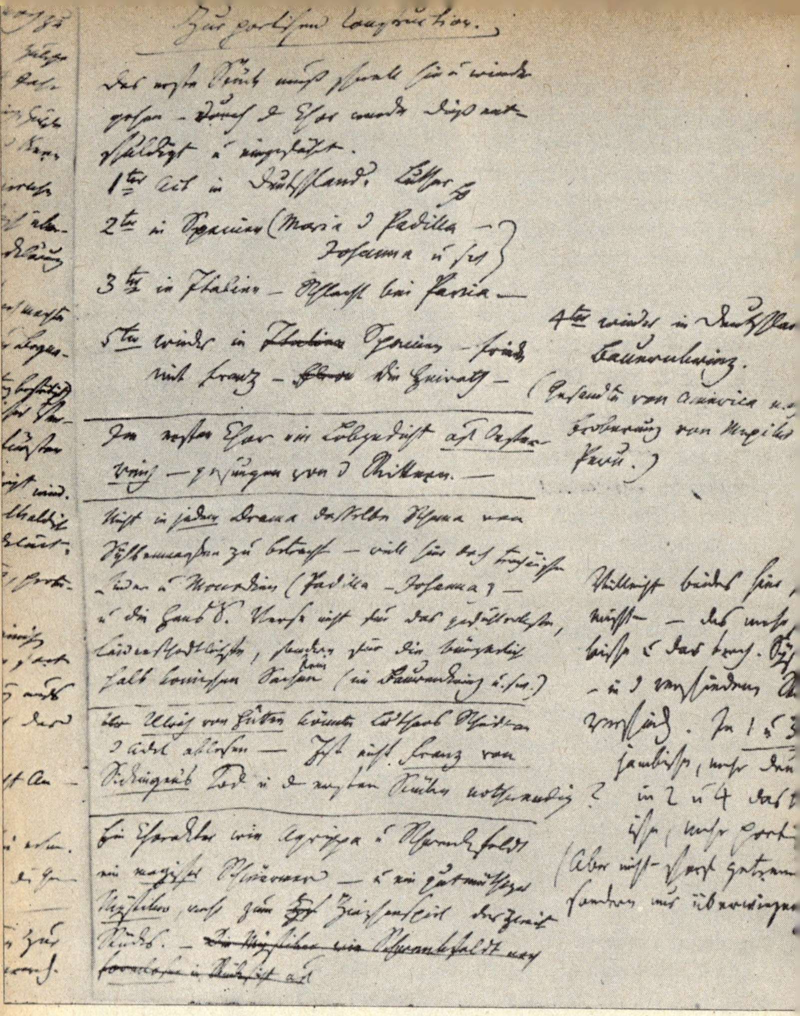

Aus Friedrich Schlegels Entwürfen für ein Drama über Karl V.

Tatsächlich entsprachen diese Themen Schlegels damaligen Interessen. Neben Forschungen zur indischen Geistesgeschichte sind nämlich die Kölner Jahre durch ein weit ausgreifendes historisches Studium gekennzeichnet, sie bezeichnen Schlegels Beginn als Historiker. Und unter den geschichtlichen Themen, denen er sich damals zuwandte, nahm die politische Geschichte des Abendlandes die erste Stelle ein. Eines der Hefte, in die er den *Strom* seiner historischen Ideen eintrug, hatte den Titel *Zur österreichischen Geschichte* (1807), und zwei weitere enthielten unter der Überschrift *Zu Karl V.* Vorarbeiten für ein historisches Drama, in dem die Ideen des Reiches und des Kaisertums im Abendglanz des Versinkens dargestellt werden sollten. Karl V. ist durch Schlegel zu einer Lieblingsgestalt der deutschen Romantik geworden.

Daß sich Schlegel aber damals mit Österreich, Karl V. und den Ideen von Reich, Kaisertum und Papsttum eingehend zu beschäftigen begann, rührte keineswegs aus bloßen akademischen oder literarischen Interessen her, sondern fand seinen Anlaß in zeitgeschichtlichen Ereignissen, hauptsächlich im politischen und militärischen Aufstieg Napoleons. Nach den Aussagen Helmina de Chézys hatte Schlegel zu Beginn seines Parisaufenthaltes Napoleon relativ neutral gegenübergestanden. Am 2. Dezember 1804 hatte sich Napoleon in der Kathedrale von Notre-Dame zum Kaiser gekrönt. Schlegel weilte damals in Paris und war durch seinen vorhergehenden Aufenthalt bei Madame de Staël sicherlich nicht positiv auf dieses Ereignis vorbereitet. Wie Helmina de Chézy berichtet, fing Schlegel «im Winter 1804 an, ihn [Napoleon] herabzusetzen und mit Unwillen von ihm zu sprechen». Es ist sicher keine zufällige Parallele, daß Schlegel seit Napoleons Kaiserkrönung um eine historische Ergründung dessen bemüht war, was er von nun an gern das *wahre Kaisertum* nannte. *Das wahre Kaisertum muß wiederhergestellt werden,* notierte er in seine historischen Hefte von 1807. *Aber es kann und muß dies bei keiner andern Nation als bei der deutschen, also bei Österreich.* Wie Schlegel aber den Zusammenhang zwischen den Ideen des Kaisertums und Österreichs verstand, kommt in einem anderen Fragment desselben Jahrgangs zum Ausdruck, in dem er feststellt: *Die österreichische Verfassung ist eben noch die einzige germanisch freie – ein edles Bündnis der Völker, wo jedes das bleibt, was es ist und sein soll. Darum wird diese Verfassung auch so sehr mißkannt, weil sie auf eine solche germanische Idee gegründet ist. – Eine solche germanisch freie und ständisch gesetzliche christliche Universalmonarchie ist ja eben die Idee des Kaisertums.*

So stand hinter Schlegels Interesse an Österreich auch der *rückwärts gekehrte Prophet* des *Athenäums,* der nach der Habsburger Monarchie als dem Erben jener Würden blickte, von deren Wiederbelebung er für die eigene Zeit neue Impulse erwartete. Am 29. März 1808 teilte Schlegel seinem Bruder aus Köln mit, *daß ich j e d e Stelle in Österreich als Anfang, wenn es nur ausführbar und möglich wäre, annehmen würde. Denn es ist doch der einzige Staat in der Welt, wo ich mich mit voller Neigung anschließen kann.*

Nachdem Schlegel im April 1808 von seinem Bruder noch einen *geflügelten Rettungsboten* erhalten hatte, brach er nach Österreich auf. Dorothea blieb wegen der Unsicherheit, die in bezug auf das Gelingen des Planes herrschte, bei den Kölner Freunden zurück. Vor der Abfahrt hatte Schlegel nicht nur das Buch *Über Sprache und Weisheit der Indier* veröffentlicht, mit dem er die Indologie und vergleichende Linguistik in Deutschland begründete, sondern in den «Heidelberger Jahrbüchern» auch eine Reihe von Rezensionen über Fichtes neue Werke, über Graf Stolbergs «Geschichte der Religion Jesu Christi», Büschings und von der Hagens «Sammlung deutscher Volkslieder», «Goethes Werke, erster bis vierter Band» und Adam Müllers «Vorlesungen über die deutsche Wissenschaft und Literatur» veröffentlicht, die zu den bedeutendsten kritischen Leistungen der Romantik zählen.

Die Rezension der Goetheschen Werke war zudem nicht ohne Pikanterie, da die Reise nach Wien über Weimar verlief, wo Schlegel erneut mit Goethe zusammentraf. *Der alte Herr,* wie Schlegel Goethe nun in Briefen gern nannte, hatte auf die Nachricht von der Konversion mit zornigem Stirnrunzeln reagiert und sich vorgenommen, «nun eine zeitlang, was ich von ihm habhaft werden kann, mit Aufmerksamkeit [zu] lesen, um zu sehen, wie ein Mann dieser Art nach und nach immer derber auftritt». Aber trotz aller ihm unsympathischen Seitensprünge zeigte sich Goethe – wie immer, wenn er mit einem der Brüder Schlegel zusammentraf – von den brillanten Kenntnissen Friedrichs Schlegels tief beeindruckt. Über die Rezension seiner Werke schrieb er am 22. Juni 1808 an Graf Reinhard: «Sie hatte mir viel Vergnügen gemacht: denn ob ich gleich am besten wissen muß, wo in meinem Stall die Zäume hängen, so ist es doch immer sehr interessant sich mit einem verständigen und einsichtsvollen Manne über sich selbst zu unterhalten, und ein scharfsichtiger Fremder, der in ein Haus tritt, bemerkt oft gleich, was der Hausherr aus Nachsicht, Gewohnheit oder Gutmütigkeit übersieht oder ignoriert.»

Am 13. Juli 1808 war Schlegel bereits seit drei Wochen in Wien und hatte eine Reihe von Persönlichkeiten aufgesucht, die sein Bruder ihm zur Begründung einer Position empfohlen hatte. Vor allem trat er auch mit dem österreichischen Historiker Hormayr in Kontakt, in dem er bald einen Freund fand und der ihm bei den archivarischen Forschungen half, deretwegen die Reise nach Wien ja in erster Linie unternommen war. Im November 1808 reiste Dorothea mitten durch die französischen Truppen ihrem Mann nach, und seit dieser Zeit, stellte Schlegel fest, *geht es doch nun mit dem Arbeiten immer besser.* Er wurde von Metternich *freundlich empfangen* und erhielt von diesem die Zusicherung, daß er ihn dem Grafen Stadion vorstellen wolle, der seit 1805 das Ministerium des Auswärtigen innehatte. Schlegel besuchte die Erzherzöge, Zinzendorf, den Grafen

Wien: Der Stephansdom

O'Donell, den Erzbischof und bereitete so das Terrain für seinen *Wunsch eine historische Vorlesung zu halten*, für die er sich im Januar 1809 seit *schon vor mehr als zwei Monaten* gut vorbereitet fühlte, obwohl *der Kampf mit dem Umfang und Reichtum dieser Geschichte nicht leicht zu bestehen gewesen* war.

Da erfolgte völlig überraschend am 29. März 1809 Schlegels Anstellung *mit dem Range und Gehalt eines Hofsekretärs in österreichischen Diensten*, als im Frühling 1809 der Krieg zwischen Österreich und Frankreich ausbrach. In Österreich gab man sich damals der Täuschung hin, daß sich dieser Feldzug zu einer allgemeinen europäischen Erhebung gegen Napoleon ausweiten werde – auch Heinrich von Kleist wiegte sich zum Beispiel in der Hoffnung, «daß der König von Preußen und mit ihm das ganze Norddeutschland losbricht, und so ein Krieg entsteht, wie er der großen Sache, die es gilt, würdig ist». Um die Kriegsbereitschaft in Österreich und in den deutschen Staaten anzufeuern, wies der Außenminister Stadion den verschiedenen Abteilungen der österreichischen Armee federgewandte Publizisten wie Friedrich von Gentz, Adam Müller, Hormayr oder Pilat zu. Friedrich Schlegel wurde als «Hofsekretär der Armeehofkommission» dem Stabe des Erzherzogs Karl zugeteilt, der den wichtigsten Teil des Feldzuges leitete. Es war seine Aufgabe, mit anfeuernden Proklamationen das Gelingen zu befördern. Da man Schlegel die vielen Extrablätter zuschrieb, mit denen sich der Erzherzog Karl nicht allein an die österreichische Bevölkerung, sondern auch an die Bayern und darüber hinaus an die gesamte deutsche Nation zur Unterstützung der österreichischen Sache wandte, fiel auf Schlegels Name sogar ein beachtlicher vaterländischer Ruhm. Noch Jahrzehnte später, ja in vielen Werken neuerer, selbst gegenwärtiger Zeit heißt es, daß Schlegel damals «durch kraftvolle Proklamationen auf den Geist der Nation» wirkte.

Wie aber Schlegel seinem Bruder nach Beendigung des Feldzuges mitteilte, stammte *von den vielen mittelmäßigen Proklamationen, dem Himmel sei Dank, keine einzige* von ihm. Er hatte statt dessen andere Arbeiten als Publizist geleistet und im Feldhauptquartier eine Zeitung begründet, die in einer Felddruckerei hergestellt wurde und vom 24. Juni bis zum 16. Dezember 1809 unter dem Titel «Österreichische Zeitung» erschien. Freilich handelt es sich bei diesem Blatt um eine unter primitivsten Bedingungen entstandene bloße Armeezeitung. Sie hat dennoch für die Geschichte der Journalistik eine große Bedeutung erlangt. Als nämlich im Verlauf des Krieges, mit der Besetzung Wiens, die offizielle «Wiener Zeitung» in Napoleons Hände gekommen war, galt die «Österreichische Zeitung» als die eigentliche Stimme Österreichs. Wegen des Rufes, den das Blatt da-

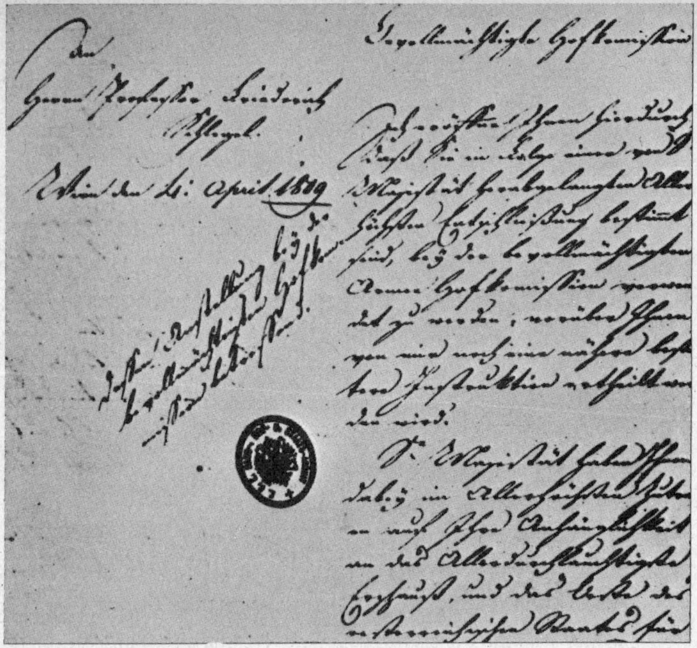

Friedrich Schlegels Wiener Anstellungsurkunde als Hofsekretär vom 4. April 1809. Haus-, Hof- und Staatsarchiv, Wien

mals genoß, beschloß die Wiener Regierung nach Beendigung des Krieges, die Zeitung nicht allein weiterbestehen zu lassen, sondern zum führenden Organ des österreichischen Kaiserstaates weiterzuentwickeln.

Bis dahin hatte es keine bedeutenden Tageszeitungen in Österreich gegeben. Nun aber wurde die Staatskanzlei von Metternich geleitet, in dessen Händen – wie Heinrich von Srbik sagte – der «Journalismus als Hilfsmittel der staatsmännischen Kunst zum erstenmale in Österreich» bedeutend in Erscheinung trat. Metternich bat Schlegel, Vorschläge zur «Fortsetzung der österreichischen Zeitung» einzureichen. Aus ihnen ging am 1. März 1810 der «Österreichische Beobachter», das führende Organ der Ära Metternich, hervor, und Schlegel wurde damit beauftragt, dies Blatt zu leiten. Freilich redigierte er den «Österreichischen Beobachter» nur während des ersten Jahres, und auch während dieser Zeit hatte er auf den politischen Teil wenig Einfluß. Aber er begründete diese Zeitung, von ihm stammen der Titel, die publizistische Gestaltung des ersten Jahrganges wie auch Pläne zur Verbesserung der Zeitung im folgenden Jahr. Vor allem stammt von Schlegel ein auf hohem Niveau stehendes Feuilleton unter dem Titel «Beylagen», das den ersten, heute ungemein seltenen Jahrgang nicht allein von den nachfolgenden, sondern auch von den meisten Tageszeitungen der damaligen Epoche vorteilhaft abhebt.

Im Verlauf des unglücklichen Ausgangs dieses Feldzuges war Schlegel mit der retirierenden Armee bis tief nach Ungarn hinein gekommen. Er wohnte zunächst, seit Anfang August 1809, mit Hormayr, Gentz und Collin in Pest, wo ihn auch seine Frau besuchte, und seit November in Ofen, wo sich der Wiener Hof aufhielt. Schlegel war der «erste Romantiker, der auf Ungarn aufmerksam wurde». *Daß ich mir ungarische Geschichte, Sprache und Poesie hier zu Gemüte gezogen, so viel es tunlich war, kannst Du Dir nach meiner Gewohnheit leicht denken,* schrieb er seinem Bruder aus Ofen. Er führte ein literarisches Tagebuch, in das er seine Beobachtungen über die ungarische Bevölkerung, Geschichte, Sprache und Landschaft eintrug und studierte mit Eifer die ungarische Sprache. In Pest traf Schlegel den ungarischen Gelehrten Ludwig Schedius, der ihm zu Privatstunden seinen Lieblingsschüler Stefan Horvát sandte. Bereits am 10. November versuchte Schlegel, zusammen mit Horvát den Liederzyklus «Klagende Liebe» des Dichters Kisfaludy ins Deutsche zu übersetzen.

Als Schlegel dann Anfang des Jahres 1810 nach Wien zurückkehrte, konnte er sich endlich wieder den liegengebliebenen historischen Arbeiten – der historischen Vorlesung über die neuere Geschichte und dem Drama «Karl V.» – widmen. In einer glücklichen Wendung des ursprünglichen Vorhabens verband er aber beide Pläne zu einem, in-

Die von Fr. Schlegel in einer Felddruckerei edierte «Österreichische Zeitung»

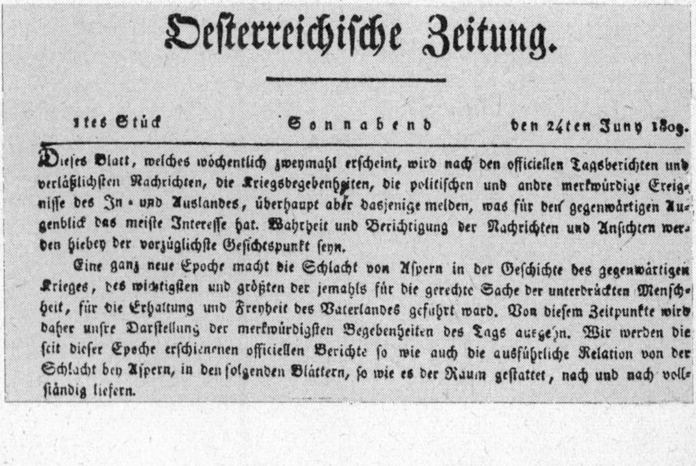

Oesterreichische Zeitung.

1tes Stück | Sonnabend | den 24ten Juny 1809.

Dieses Blatt, welches wöchentlich zweymahl erscheint, wird nach den officiellen Tagsberichten und verläßlichsten Nachrichten, die Kriegsbegebenheiten, die politischen und andre merkwürdige Ereignisse des In- und Auslandes, überhaupt aber dasjenige melden, was für den gegenwärtigen Augenblick das meiste Interesse hat. Wahrheit und Berichtigung der Nachrichten und Ansichten werden hiebey der vorzüglichste Gesichtspunkt seyn.

Eine ganz neue Epoche macht die Schlacht von Aspern in der Geschichte des gegenwärtigen Krieges, des wichtigsten und größten der jemahls für die gerechte Sache der unterdrückten Menschheit, für die Erhaltung und Freyheit des Vaterlandes geführt ward. Von diesem Zeitpunkte wird daher unsre Darstellung der merkwürdigsten Begebenheiten des Tags ausgehn. Wir werden die seit dieser Epoche erschienenen officiellen Berichte so wie auch die ausführliche Relation von der Schlacht bey Aspern, in den folgenden Blättern, so wie es der Raum gestattet, nach und nach vollständig liefern.

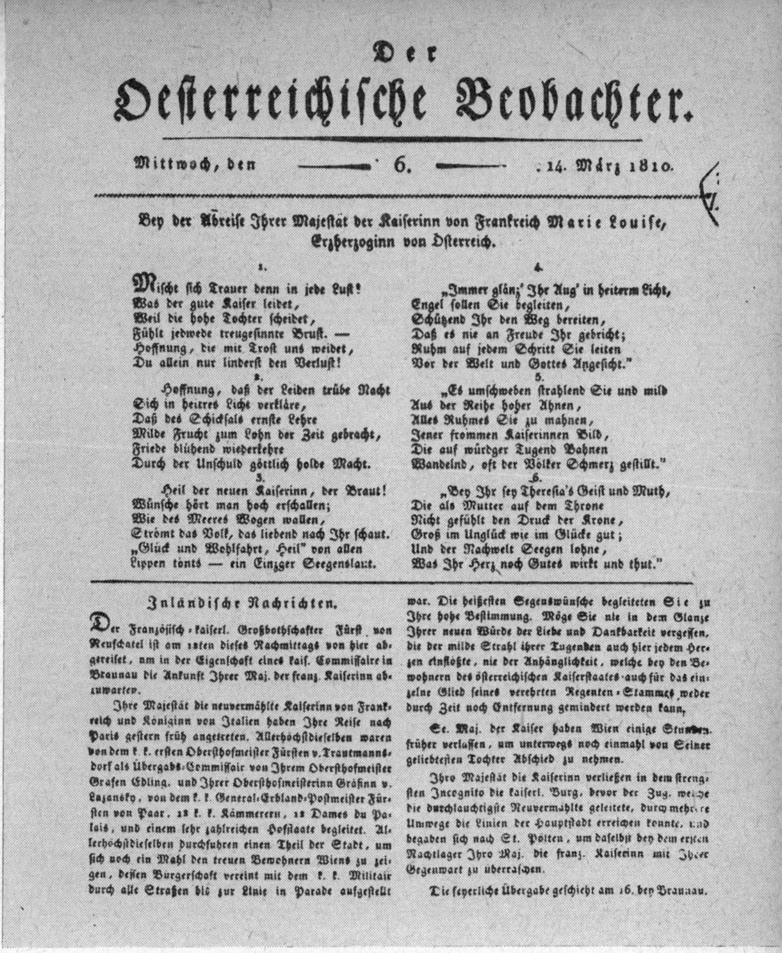

Der Oesterreichische Beobachter.

Mittwoch, den — 6. — 14. März 1810.

Bey der Abreise Ihrer Majestät der Kaiserinn von Frankreich Marie Louise, Erzherzoginn von Österreich.

1.

Mischt sich Trauer denn in jede Lust!
Was der gute Kaiser leidet,
Weil die hohe Tochter scheidet,
Fühlt jedwede treugesinnte Brust. —
Hoffnung, die mit Trost uns weidet,
Du allein nur linderst den Verlust!

2.

Hoffnung, daß der Leiden trübe Nacht
Sich in heitres Licht verkläre,
Daß des Schicksals ernste Lehre
Milde Frucht zum Lohn der Zeit gebracht,
Friede blühend wiederkehre
Durch der Unschuld göttlich holde Macht.

3.

Heil der neuen Kaiserinn, der Braut!
Wünsche hört man hoch erschallen;
Wie des Meeres Wogen wallen,
Strömt das Volk, das liebend nach Ihr schaut.
„Glück und Wohlfahrt, Heil" von allen
Lippen tönts — ein Einzger Seegenslaut.

4.

„Immer glänz' Ihr Aug' in heiterm Licht,
Engel sollen Sie begleiten,
Schützend Ihr den Weg bereiten,
Daß es nie an Freude Ihr gebricht;
Ruhm auf jedem Schritt Sie leiten
Vor der Welt und Gottes Angesicht."

5.

„Es umschweben strahlend Sie und mild
Aus der Reihe hoher Ahnen,
Alles Ruhmes Sie zu mahnen,
Jener frommen Kaiserinnen Bild,
Die auf würdger Tugend Bahnen
Wandelnd, oft der Völker Schmerz gestillt."

6.

„Bey Ihr sey Theresia's Geist und Muth,
Die als Mutter auf dem Throne
Nicht gefühlt den Druck der Krone,
Groß im Unglück wie im Glücke gut;
Und der Nachwelt Seegen lohne,
Was Ihr Herz noch Gutes wirkt und thut."

Inländische Nachrichten.

Der Französisch-kaiserl. Großbothschafter Fürst von Neufchatel ist am 12ten dieses Nachmittags von hier abgereiset, um in der Eigenschaft eines kais. Commissaire in Braunau die Ankunft Ihrer Maj. der franz. Kaiserinn abzuwarten.

Ihre Majestät die neuvermählte Kaiserinn von Frankreich und Königinn von Italien haben Ihre Reise nach Paris gestern früh angetreten. Allerhöchstdieselben waren von dem k. k. ersten Obersthofmeister Fürsten v. Trautmannsdorf als Übergabs-Commissair von Ihrem Obersthofmeister Grafen Edling, und Ihrer Obersthofmeisterinn Gräfinn v. Lazansky, von dem k. k. General-Erbland-Postmeister Fürsten von Paar, 12 k. k. Kämmerern, 12 Dames du Palais, und einem sehr zahlreichen Hofstaate begleitet. Allerhöchstdieselben durchfuhren einen Theil der Stadt, um sich noch ein Mahl den treuen Bewohnern Wiens zu zeigen, dessen Burgerschaft vereint mit dem k. k. Militair durch alle Straßen bis zur Linie in Parade aufgestellt war. Die heißesten Segenswünsche begleiteten Sie zu Ihre hohe Bestimmung. Möge Sie nie in dem Glanze Ihrer neuen Würde der Liebe und Dankbarkeit vergessen, die der milde Strahl ihrer Tugenden auch hier jedem Herzen einflößte, nie der Anhänglichkeit, welche bey den Bewohnern des österreichischen Kaiserstaates auch für das einzelne Glied seines verehrten Regenten-Stammes weder durch Zeit noch Entfernung gemindert werden kann.

Se. Maj. der Kaiser haben Wien einige Stunden früher verlassen, um unterwegs noch einmahl von Seiner geliebtesten Tochter Abschied zu nehmen.

Ihro Majestät die Kaiserinn verließen in dem strengsten Incognito die kaiserl. Burg, bevor der Zug, welche die durchlauchtigste Neuvermählte geleitete, durch mehrere Umwege die Linien der Hauptstadt erreichen konnte, und begaben sich nach St. Pölten, um daselbst bey dem ersten Nachtlager Ihro Maj. die franz. Kaiserinn mit Ihrer Gegenwart zu überraschen.

Die feyerliche Übergabe geschieht am 16. bey Braunau.

Der «Österreichische Beobachter» unter Fr. Schlegels Redaktion

dem er die reichen Vorarbeiten zur Lebensgeschichte Karls V. seinen historischen Vorlesungen einverleibte und die Charakteristik Karls V. zum schönsten Kapitel des aus diesen Vorlesungen erwachsenden Buches *Über die neuere Geschichte* machte.

Schlegel hielt seine Vorlesungen vom 19. Februar bis zum 9. Mai 1810 und zog mit ihnen ein erlauchtes Publikum an. *Es war mir doch bei dem Anfang etwas bang,* gestand er am 30. Mai 1810 Sulpiz Boisserée, *da ich an zwanzig Herzoginnen und Fürstinnen auf der Liste hatte. Indessen ist der Ernst, der hier unter dem ersten Stande herrscht, selten und gewiß sehr achtungswert. Unter denen, die bis zuletzt ausharrten und nie fehlten, war auch der Herzog von Württemberg (Bruder des Königs) und die junge Fürstin* (Marie Sophie) *Liechtenstein. Ich hatte 162 Subskribenten, außer den Freibillets.*

Die durch den Krieg bedingte Verschiebung der Vorlesung um ein Jahr ist für die Tendenz der hier entwickelten Gedanken von großer Bedeutung geworden. Vor dem Feldzug wäre es hauptsächlich ein Kolleg über Aspekte der österreichischen Geschichte aus der Perspektive eines Norddeutschen geworden. Jetzt wurden die Vorlesungen ein Beitrag zur Literatur der deutschen Erhebung – oder, wie Jean-Jacques Anstett es formulierte, es wurden «Reden an die österreichische Nation über ihre deutsche Bestimmung». Der erstaunliche Erfolg des Buches, das in mehrere Sprachen übersetzt wurde und sich bis nach Schweden verbreitete, scheint sich aus dieser unmittelbaren, rhetorischen Diktion zu erklären, mit der sich Schlegel in die erste Reihe historischer Stilisten gestellt hat.

Die zentrale Idee des Werkes liegt in der Herausarbeitung des überzeitlichen Wertes des Kaisertums, den Schlegel vor allem in dem supranationalen, europäischen Charakter dieser politischen Form erblickte. *Hier zeigt sich in der Tat zuerst das Ideal, welches dem europäischen Staaten- und Völkersysteme zugrunde liegt,* sagte er über das mittelalterliche Kaisertum. *Das Ideal eines rechtlichen Bandes, eines freien Vereins, welches alle Nationen und Staaten der gebildeten, und gesitteten Welt umschlänge, ohne daß der Einheit die freie und eigentümliche Nationalentwicklung jeder einzelnen Nation aufgeopfert würde.* Gewiß widmete sich Schlegel deshalb einer solch eingehenden Charakteristik des Kaisertums, um der Napoleonischen Universalmonarchie das *wahre Kaisertum* zu konfrontieren und in ihm das Prinzip für die Neuordnung Europas aufzuweisen. Das *wahre Kaisertum* ist demnach für Schlegel mehr als eine bloß historische Erscheinungsform. Es bildet ein Ideal, ein Prinzip seiner politischen Philosophie und nimmt als solches genau die Stelle ein, die er in früheren Epochen dem *Weltrepublikanismus* oder der Europa-Idee zugewiesen hatte. In moderner Terminologie würde dies Prinzip – im Gegensatz zum bloß nationalen Königtum – die supranationale Struktur des Staatenverbandes: die föderale, bundesstaatliche Ordnung Europas bedeuten.

Gleichzeitig wird hier deutlich, warum Österreich für Schlegels politisches Denken solch zentrale Bedeutung gewann. Das Haus Habsburg erschien ihm als Hort jenes Prinzips, von dem er die Neuordnung Europas erwartete. So trat Schlegel in seinen historischen Vorlesungen zum erstenmal als Geschichtsphilosoph Österreichs auf. Mit einer genaueren Bezeichnung ließe sich vielleicht sagen, daß von ihm – ähnlich wie in unserem Jahrhundert von Hugo von Hofmanns-

Friedrich Schlegel im Jahre 1810. Kreidezeichnung von Philipp Veit

thal – eine «konservative Revolution», ein politischer Konservativismus vertreten wurde, der eine genuin deutsche Sonderform des europäischen Konservativismus ist und engstens mit den Idealen des «alten Reiches» in Zusammenhang steht. Schlegels politische Philosophie ist vielleicht die am konsequentesten durchdachte Gegenposition zur preußischen Geschichtsphilosophie, die ihrerseits am folgerichtigsten von Hegel erarbeitet wurde. Dies ist am klarsten von Eugen Rosenstock-Huessy gesehen worden, der in seinem Werk über die «Europäischen Revolutionen» sagte: «Die beiden Mittelmächte haben zwei Bürgen ihres Wertes aus der Nation beigesellt erhalten, zwei große Geister: Preußen den Schwaben Hegel, Österreich den Norddeutschen Schlegel. Das Denken dieser beiden beherrscht noch

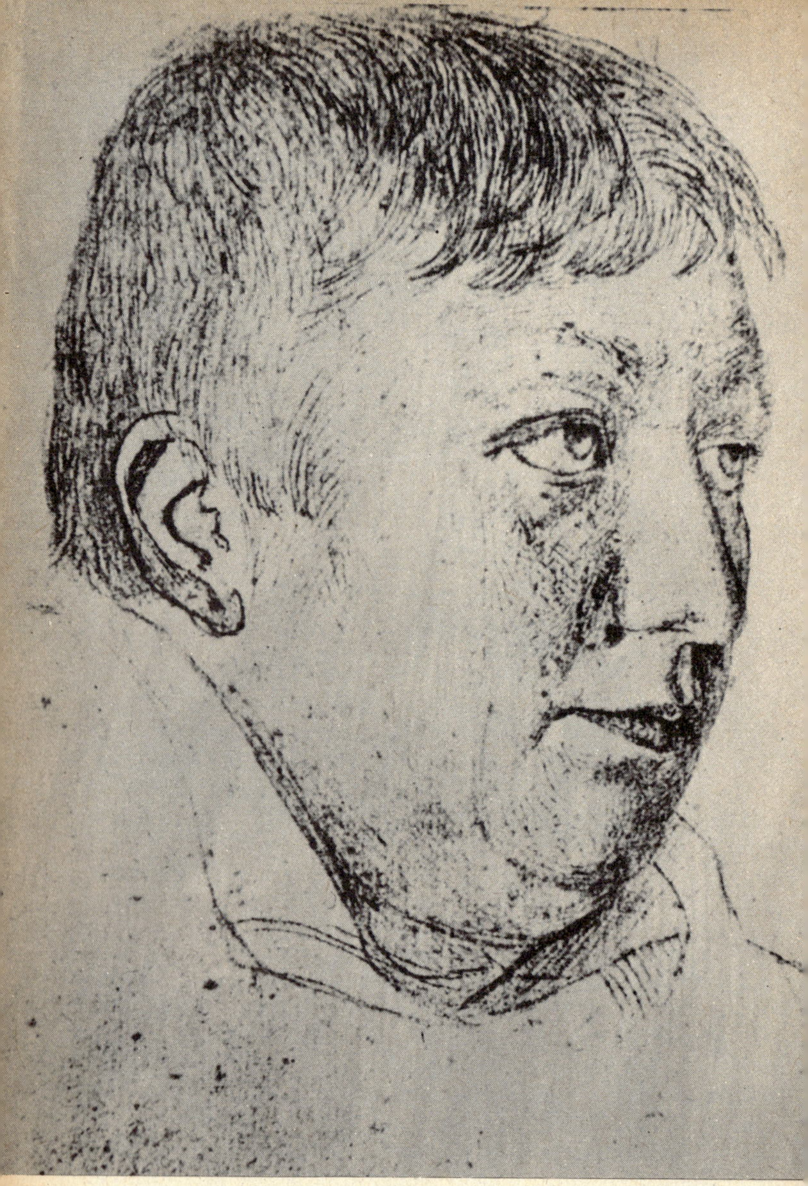

Friedrich Schlegel im Jahre 1811. Bleistiftzeichnung Philipp Veits

heut die besten Geister der Nation. Hegel hat die Selbstsetzung des preußischen Staates deutlich gespürt ... Preußens Mangel, seine Widernatur, ist Hegels Rechtfertigung ... Denn dieser Staat, der nicht auf irgendwelche seelische Energien verweisen konnte, dieser reine Vernunftstaat, bot dem Denker Gewähr dafür, daß hier etwas Geistiges, also eine weltgeschichtliche Vernünftigkeit trotz äußerer Staatsgrenzen sich äußere ... Friedrich Schlegel ... entdeckt an Österreich eine weltgeschichtliche Totalität wie Hegel an Preußen ... Auch Österreich ist eine Antizipation, die dem welthistorischen Denken einleuchten mußte ... Die Totalität lag hier im Äußeren, Leibhaftigen, Umfassenden des Völkerstaates ... Hier in der Wiener Burg war der Reichtum der wirklichen Weltgeschichte eines Jahrhunderts konserviert. Von Österreich gab es das alte Rätsel: AEIOU, Austria erit in orbe ultima, es werde auf Erden alle überdauern. Richtiger ist wohl die Auflösung: Austria Europae Imago, Onus, Unio. Österreich ist Europas Ebenbild, Belastung und Zwang zur Einigung.»

VOM WIENER KONGRESS ZUM FRANKFURTER BUNDESTAG (1812–1819)

Außer diesen Tätigkeiten während und nach dem unglücklichen Feldzug von 1809 hat Schlegel an dem deutschen und europäischen Aufstand gegen Napoleon nicht mehr teilgenommen. Allenfalls kann man die Zeitschrift *Deutsches Museum,* die er in den Jahren 1812 bis 1813 in Wien herausgab, wegen ihres stark vaterländischen Tones in die Literatur der deutschen Erhebung einreihen. Als Schlegel Jean Paul zur Mitarbeit daran einlud, nannte er alles willkommen, was *wahrhaft deutsch ist* und schloß alles aus, *was dem Feinde fröhnt oder schmeichelt.* Aber die Bedeutung dieser Zeitschrift war, wie es in ihrem Epilog mit Recht heißt, *auf ganz andere Gegenstände gerichtet,* als sie *seit dem Ende des Jahres 1812, und im Laufe des ewig denkwürdigen Jahres 1813* in Deutschland in den Vordergrund rückten: *Es lag dieser Zeitschrift der Gedanke und das Bestreben zum Grunde, die Geschichte und Philosophie, die Kunst und Literatur in einem vaterländischen und durchaus deutschen Geiste zu betrachten und weiter zu fördern.*

Mit dieser Idee stellte das *Deutsche Museum* nach dem kosmopolitischen *Athenäum* und der vom «europäischen Patriotismus» beseelten *Europa* eine neue Entwicklungsstufe der deutschen Romantik dar, die seit den Tagen der Heidelberger Romantik immer mehr von der eigenen völkischen und literarischen Vergangenheit gefesselt wurde. Diese Tendenz bekundet sich im *Deutschen Museum* vor allem in profunden Beiträgen zum «Nibelungenlied», zur «Edda» und zu jener Epoche der europäischen Literatur, die Schlegel die *nordische Dichtkunst* nannte. Sicherlich ist das *Deutsche Museum* von der Mannigfaltigkeit der hier behandelten Themen und den zahlreichen Mitarbeitern aus betrachtet (u. a. A. W. Schlegel, Adam Müller, Matthias Claudius, August von Steigentesch, die Brüder Grimm, Jean Paul, der Maler Friedrich Müller, Büsching, Zacharias Werner, de la Motte Fouqué, Matthäus von Collin, Wilhelm von Humboldt, Madame de Staël, Th. Körner, Christian Graf zu Stolberg, Caroline Pichler, K. Friedrich Rumohr, Amalie von Hellwig, Joseph von Görres, H. L. Heeren, F. Eckstein, Böttiger, Kopitar) die imponierendste Zeitschrift, die Schlegel je herausgegeben hat, vielleicht das eindrucksvollste Organ dieser Epoche überhaupt.

Während sich in Deutschland eine Welle nationaler Begeisterung entfesselte, arbeitete Schlegel an seinem größten literaturwissenschaftlichen Werk, der *Geschichte der alten und neuen Literatur,* die er zunächst in Vorlesungen vortrug und Ende des Jahres 1814 in zwei Bänden in Buchform erscheinen ließ. Gewiß läßt sich die an Metternich gerichtete Widmung des Werkes zu den politischen Ereignissen von damals in Beziehung setzen, indem Schlegel es darin als seinen *vorzüglichsten Wunsch* bezeichnet, *der großen Kluft, welche immer noch die literarische Welt und das intellektuelle Leben des Menschen von der praktischen Wirklichkeit trennt, entgegen zu wirken, und zu zeigen, wie bedeutend eine nationale Geistesbildung oft auch in den Lauf der großen Weltbegebenheiten und in die Schicksale der Staaten eingreift.* Aber die Worte dieser Widmung, die übrigens eines der schönsten Stücke aus der Gattung der Dedikationsliteratur ist, lassen sich schließlich auf alle Zeiten beziehen, und in seinem Inhalt sprengt dies Werk, das Schlegel selbst ein *Gemälde von der Geistesbildung der merkwürdigsten Völker Europas* nannte, jeden zeitpolitischen, konfessionellen oder sonstigen pragmatischen Rahmen, in den man es immer wieder einzuzwängen versucht hat. Ohne Übertreibung läßt sich sagen, daß seit dem Erscheinen dieser Vorlesungen eine neue Epoche der Literaturgeschichtsschreibung datiert. Wie in der Pariser Literaturgeschichte entfaltete Schlegel hier mit der charakterisierenden Methode der Einfühlung in *fremde Genialität* den großen Kanon der Weltliteratur. Aber den bis 1958 unveröffentlicht gebliebenen Pariser Vorlesungen ist die Wiener Dar-

Die Widmung der «Geschichte der alten und neuen Literatur» an Metternich

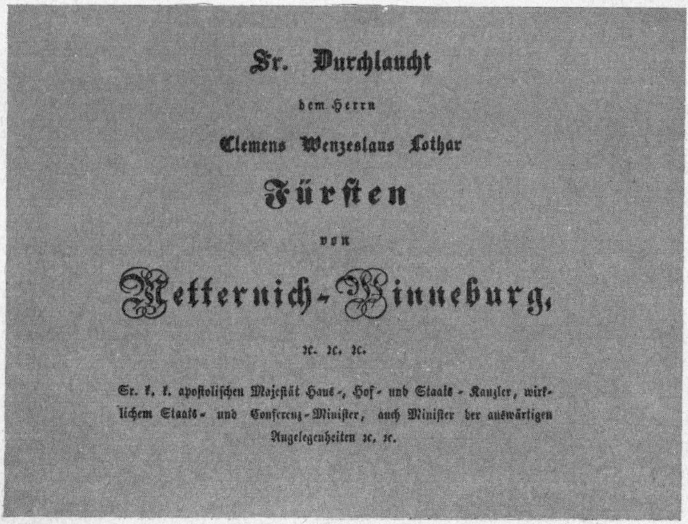
Sr. Durchlaucht

dem Herrn

Clemens Wenzeslaus Lothar

Fürsten

von

Metternich-Winneburg,

ꝛc. ꝛc. ꝛc.

Sr. k. k. apostolischen Majestät Haus-, Hof- und Staats-Kanzler, wirklichem Staats- und Conferenz-Minister, auch Minister der auswärtigen Angelegenheiten ꝛc. ꝛc.

Joseph von Eichendorff. Zeichnung von Franz Kugler

stellung nicht nur durch eine «einzigartige Gelehrsamkeit» (Hans Eichner), sondern auch durch eine bislang unerreichte Geschlossenheit überlegen. «Es gehört zu Schlegels großen Verdiensten», sagte Hans Eichner, «in seinen Vorlesungen von 1812 als erster ein Buch geschaffen zu haben, das dem Zusammenhang zwischen der Geschichte der Dichtung und der Religions- und Philosophiegeschichte sowie der Geschichte der politischen Institutionen gerecht zu werden versucht.»

Auch dieses Werk trug Schlegel zunächst in Vorlesungen vor. Diese rhetorische Form hatte seit der Reise nach Paris die in der Frühzeit vorherrschende aphoristische Mitteilungsweise zunehmend verdrängt, und mit ihr hatte sich Schlegel ein schriftstellerisches Medium geschaffen, das er während der Wiener Lebensjahre zu unerreichter stilistischer Meisterschaft entwickelte. Es erlaubte ihm denselben unmittelbaren Ausdruck wie das Fragment, ohne die ästhetische Mangelhaftigkeit des aphoristischen Ausdrucks an sich zu tragen. Die Vorlesungen über die Weltliteraturgeschichte fanden vom 27. Februar bis zum 30. April 1812 statt, und an ihnen nahmen zirka 200 Hörer teil. Eichendorff, der sich damals eng an Schlegel anschloß und sich für den Roman «Ahnung und Gegenwart» den Titel von Schlegel formulieren ließ, hat in seinen Tagebüchern die recht esoterisch anmutenden Umstände geschildert, unter denen sich dies Kolleg vollzog. Er schreibt: «Die erste Vorlesung Schlegels (Geschichte der Literatur, 12 Gulden Einlösscheine das Billet) im Tanzsaale des römischen Kaisers. Schlegel, ganz schwarz in Schuhen auf einer Erhöhung hinter einem Tischchen lesend. Mit wohlriechendem Holz geheizt. Großes Publikum. Vorn Kreis von Damen, Fürstin Liechtenstein mit ihren Prinzessinnen, Lichnowsky, etc. 29 Fürsten. Unten großes Gedränge von Equipagen, wie auf einem Ball. Sehr brilliant.»

Mit Stolz, aber auch mit einer gewissen Ungeduld über seine eigene Untätigkeit, verfolgte Schlegel die außerordentliche Rolle, die sein Bruder während dieser Zeit auf der politischen Bühne Europas spielte. August Wilhelm Schlegel hatte im Juli 1812 mit Madame de Staël die dramatische Flucht vor Napoleon angetreten, die sie von Coppet nach Wien und weiter, oft direkt vor den französischen Truppen her, durch die russischen Steppen nach Moskau, St. Petersburg und schließlich nach Stockholm führten. Während Madame de Staël das Ende des Krieges von London aus verfolgte, blieb August Wilhelm Schlegel als Privatsekretär beim schwedischen Kronprinzen Bernadotte und verfaßte eine Reihe von Broschüren, mit denen er die europäische Erhebung zu schüren suchte. Nach Abschluß der sechsten Koalition kam er im Sommer 1813 mit dem Hauptquartier der schwedischen Armee nach Deutschland, nahm an der Völkerschlacht von Leipzig teil und suchte mit zahlreichen weiteren Denkschriften auf die politische Gestaltung Europas Einfluß zu nehmen.

Friedrich Schlegel grollte während dieser Monate über die *Dummköpfe, die grade Verstand genug hatten, um mich so schmachvoll in den Winkel zu schieben.* Aber bereits am 7. April 1813 taten sich ihm *einige ganz hoffnungsvolle Aussichten* in Wien auf, *nicht lange mehr müßiger Zuschauer* sein zu müssen. Am 20. Oktober 1813 war er *wieder in politischer Tätigkeit,* sogar *eine politisch wichtige Person,* die sich *mit sehr wichtigen Aufträgen und Arbeiten für den politischen Zustand von Deutschland beschäftigte.* Damals wurde er von Metternich beauftragt, Entwürfe für eine künftige deutsche Verfassung auszuarbeiten. Als Schlegel dann über Wilhelm von Humboldt erfuhr, daß sein Bruder im Hauptquartier mit Metternich verkehrte, nahm er die Gelegenheit wahr, August Wilhelm Schlegel zu bitten, bei Metternich und auch bei Gentz ein Wort für ihn einzulegen, damit diese ihn zu größeren Aufgaben während des bevorstehenden Kongresses heranzogen. *Der Minister hat Genie genug,* schrieb er am 31. Oktober 1813 an August Wilhelm Schlegel, *um zu wissen, daß dergleichen Leute wie ich, wenn sie auch in den gewöhnlichen Schlendrian der Geschäfte nicht passen, doch zu brauchen sind.*

Metternich ist auf diese Bitte eingegangen. Am 26. August 1815, kurz nach Beendigung des Kongresses, teilte Schlegel seinem Bruder mit: *In den letzten fünf Monaten des Kongresses war mein Arbeitszimmer wie ein Taubenschlag nicht leer von Menschen und von Besuchern. Die Teilnahme an dem Gange der Begebenheiten nahm mich ganz dahin, und ich war auch nicht bloß teilnehmend, sondern sehr tätig und habe bei allen Zerstreuungen sehr viel gearbeitet, was mir denn auch zuletzt gute Früchte getragen und die Achtung und den Dank mancher achtungswürdigen Männer erworben hat.*

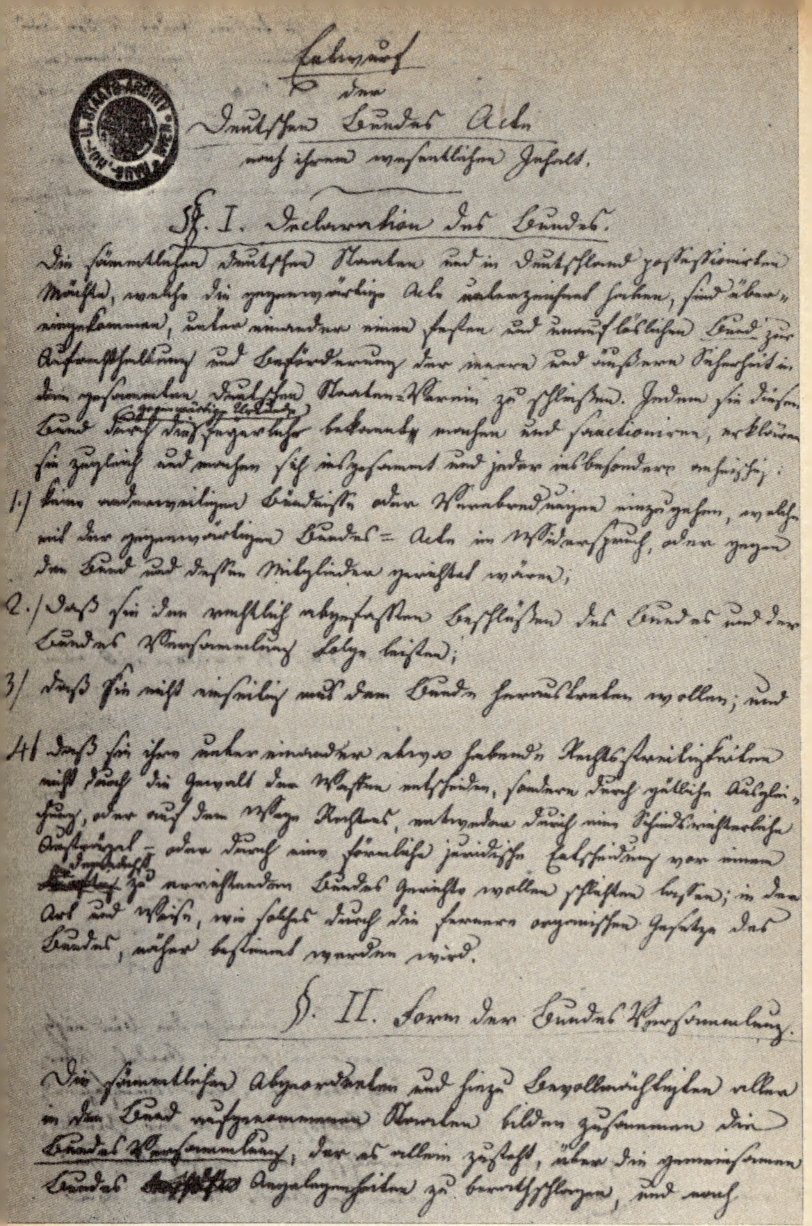
Entwurf
der
Deutschen Bundes Acte
nach ihrem wesentlichen Inhalt.

§. I. Declaration des Bundes.

Die sämmtlichen deutschen Staaten und in Deutschland gestifteten Mächte, welche die gegenwärtige Acte unterzeichnet haben, sind überein gekommen, unter einander einen festen und unauflöslichen Bund zur Aufrechthaltung und Beförderung der innern und äußern Sicherheit in dem gesammten deutschen Staaten-Verein zu schließen. Indem sie diesen Bund durch gegenwärtige Urkunde bekannt machen und sanctioniren, erklären sie zugleich und machen sich insgesammt und jeder insbesondere verbindlich:

1.) keine anderweitigen Bündnisse oder Verabredungen einzugehen, welche mit der gegenwärtigen Bundes=Acte in Widerspruch, oder gegen den Bund und dessen Mitglieder gerichtet wären;

2.) daß sie den rechtlich abgefaßten Beschlüssen des Bundes und der Bundes Versammlung Folge leisten;

3/ daß sie nicht einseitig aus dem Bunde heraustreten wollen; und

4/ daß sie ihre unter einander etwa habenden Rechtsstreitigkeiten nicht durch die Gewalt der Waffen entscheiden, sondern durch gütliche Ausgleichung, oder auf dem Wege Rechtens, entweder durch ein schiedsrichterliches Austrägal- oder durch eine förmliche juridische Entscheidung vor einem zu errichtenden Bundes Gerichte wollen schlichten lassen; in der Art und Weise, wie solches durch die ferneren organischen Gesetze des Bundes, näher bestimmt werden wird.

§. II. Form der Bundes Versammlung.

Die sämmtlichen Abgeordneten und hiezu Bevollmächtigten aller in den Bund aufgenommenen Staaten bilden zusammen die Bundes Versammlung, der es allein zusteht, über die gemeinsamen Bundes Angelegenheiten zu berathschlagen, und nach

Aus Friedrich Schlegels Entwürfen für eine deutsche Verfassung (Handschrift Dorotheas)

Über Schlegels Rolle während des Wiener Kongresses sagte bereits Jakob Bleyer, daß sie «bedeutender und ausgebreiteter [war] als gemeinhin angenommen wird». Zunächst widmete er sich, wie Metternich es ihm aufgetragen hatte, den Arbeiten für die zukünftige deutsche Bundesakte, die im sogenannten «Deutschen Kommittee» beratschlagt wurde, und suchte hier den österreichischen Standpunkt zur Geltung zu bringen. Als zum Beispiel der preußische Verfassungsentwurf von Wilhelm von Humboldt vorgelegt wurde, verfaßte Schlegel ein satirisches Gedicht *Teutsche Konstitution in 41 Paragraphen*, das in zahlreichen handschriftlichen Kopien zirkulierte und die preußischen Vorschläge ironisierte. Aber Schlegel fertigte auch eigene Entwürfe für eine deutsche Verfassung an, in denen – wie sich im Hinblick auf die Vorlesungen *Über die neuere Geschichte* denken läßt – die föderalistische, bundesstaatliche Struktur Deutschlands wie auch der Gedanke der «Wiederherstellung des alten Reiches» im Vordergrund stehen. Einer dieser Verfassungsentwürfe fand sich im Nachlaß des Freiherrn vom Stein, mit dem Schlegel während des Wiener Kongresses fast identische Interessen vertrat; ein anderes Exemplar tauchte im Nachlaß Metternichs auf. Als Metternich diese Kopie im Jahre 1851 wieder in die Hände kam, äußerte er sich rückblickend über die von ihm vertretenen politischen Ziele und schrieb auf das Kuvert: «Der anliegende, von Friedrich Schlegel ... verfaßte Aufsatz über die Konstituierung des deutschen Bundes bietet mir eine Veranlassung, die Ansicht, welche mich bei der ersten Auffassung der Bundesidee im Jahre 1813 und fortan bei den Wiener Kongreßverhandlungen belebte und unabweichlich von mir festgehalten wurde, in kurzen Sätzen zu bezeichnen. Die erste Frage, welche sich mir aufdrang, war die, ob ein d e u t s c h e r Staatskörper nach der Auflösung des heiligen römischen Reiches deutscher Nation, ins Leben zu rufen sei oder nicht? Als mir die bejahende

Klemens, Fürst von Metternich. Zeichnung von Vogel

Entscheidung dieser Grundfrage deutlich vorlag, so gelangte ich zu der Überzeugung, daß der deutsche politische Körper in keiner anderen Form als in der eines Staatenbundes lebensfähig zu sein vermöchte. Diese von mir aufgefaßte Ansicht erhielt die volle Zustimmung Kaiser Franz I. und erhielt bei den Konferenzen zu Teplitz im August 1813 den Wert einer Grundbedingung für den Eintritt Österreichs in die Quadrupelallianz. Die Anwendung dieser Bestimmung wurde auf den ... in Aussicht zu stellenden Kongreß zu Wien verwiesen.»

Metternich hatte es auch für wichtig gehalten, daß die ihn während der Verhandlungen leitenden Gesichtspunkte in außerösterreichischen, vor allem in norddeutschen Zeitungen vertreten wurden und so ein Gegengewicht gegen den dort vorherrschenden preußischen Standpunkt gegeben war. Als berufene Fürsprecher seiner Politik boten sich ihm jene norddeutschen Schriftsteller an, die damals in Wien lebten oder sogar in seinem Staatsdienst tätig waren. «Adam Müller, noch in Innsbruck, schrieb im Boten aus Südtirol», berichtet Varnhagen von Ense: «Woltmann der sich in Prag angesiedelt hatte, in der Prager Zeitung. Friedrich Schlegel aber hatte sich hamburgischen Blättern zugewendet und war deshalb der wichtigste.» Tatsächlich erschien vom September 1814 bis zum Juni 1815 im «Hamburgischen Unpartheyischen Correspondenten» – einem der führenden Blätter Europas – eine Reihe von Artikeln, in denen Schlegel zu den Hauptverhandlungspunkten des Wiener Kongresses Stellung nahm und den österreichischen Gesichtspunkt plausibel zu machen suchte.

In diesen Funktionen war Schlegel keineswegs ein bloßes Sprachrohr Metternichs. Vielmehr benutzte er die ihm aufgetragenen Verfassungsentwürfe wie auch die Zeitungsartikel, um seine eigenen Gedanken zu propagieren, selbst wenn diese den Zielsetzungen Metternichs konträr waren. Vor allem war es ihm darum zu tun, zwei Lieblingsideen in die künftige deutsche Verfassung einzufügen, die er das *Bürgerrecht der Israeliten* und die *Wiederherstellung der katholischen Kirche in Deutschland* nannte. Im Paragraphen IV, 3 seines *Entwurfs der deutschen Bundesakte* hatte Schlegel unter anderem gefordert: *Alle mit dem Bürgerrecht streitenden Auszeichnungen und Bedrückungen denen sie* (die Juden) *bisher noch unterliegen, sollen hinführo aufgehoben sein, und ganz wegfallen.* In einer Anzahl von Zeitungsartikeln, vor allem auch während der Frankfurter Zeit, nahm er jede sich ihm bietende Gelegenheit wahr, Anzeichen von Judenverfolgungen in den deutschen Bundesstaaten anzuprangern. «Daß es nicht ganz gelang, das Judentum, wie dies viele wünschten, in seine alten Schranken zurückzuverweisen, daß ihm vielmehr eine Reihe

Friedrich Schlegel im Jahre 1815.
Lithographie nach einer Bleistiftzeichnung Philipp Veits

Rechte erhalten blieben, dazu hat Friedrich Schlegel stark beigetragen», sagte Paul Busch in einer Arbeit über «Friedrich Schlegel und das Judentum»: «Wir dürfen vor allen Dingen nicht die Wirkung unterschätzen, die sein Eintreten für die Juden auf die Entwicklung der Anschauungen über die Judenfrage zum liberalen Standpunkt gehabt hat.»

Unter dem anderen Postulat, *Wiederherstellung der katholischen Kirche in Deutschland*, verstand Schlegel zunächst die Rückerstattung bedeutender Besitzrechte, die der katholischen Kirche durch die Säkularisation von 1803 verlorengegangen waren. Aber Schlegel vertrat noch weit bedeutendere Rechtsansprüche der katholischen Kirche, indem er seine publizistischen Mittel einsetzte, um der sogenannten nationalkirchlichen Bewegung entgegenzuwirken, die damals sehr lebendig und im Freiherrn I. H. K. von Wessenberg – einem Vetter Metternichs und Bruder des österreichischen Ministers J. Ph. Freiherr von Wessenberg – ihr Zentrum hatte. Es war das Ziel dieser Bestrebungen, eine von Rom unabhängige deutsche Nationalkirche, eine Art deutschen Gallikanismus zu begründen. Schlegel, der nach seinen eigenen Worten *gar nicht gallikanisch ... sondern eher gut Bellarminisch* gesinnt war, verfocht die übernationale Idee der katholischen Kirche und wurde der bedeutendste Publizist der päpstlichen Diplomatie, die auf dem Wiener Kongreß hauptsächlich vom Kardinallegaten Consalvi und dem Nuntius Severoli vertreten wurde.

Diese Kontakte mit hohen Klerikern gaben Metternichs Geheimpolizei Veranlassung, Schlegel während des Kongresses systematisch zu überwachen. Aber wie die Protokolle zeigen, traten dabei recht harmlose Lebensweisen, hauptsächlich ein außerordentlich häufiger Besuch von Wein- und Kaffeehäusern, in Erscheinung. Im Vortrag vom 20. November 1814 heißt es zum Beispiel: «Hofsekretär Schlegel gewöhnt sich seit acht und mehreren Tagen, sich öfters mit Wein zu restaurieren und hiezu hat er verschiedene Orte. Sie sind das Kaffeehaus in der Herrengasse, das Kaffeehaus bei Benko am Stefansplatz, die Weinhandlung zur Rose am Graben, bei Lenkey im Liliengassel, bei Reich am Hohen Markt. Es werden täglich 2, 3 dieser Orte, auch mehrere, und am 15. d. alle fünf der Reihe nach besucht und Stärkungen genommen.» An Persönlichkeiten, mit denen Schlegel damals verkehrte, werden häufig der päpstliche Nuntius Severoli, der Kardinal-Staatssekretär Ercole Consalvi, Freiherr vom Stein, Friedrich von Gentz, Baron von Gagern, Wilhelm von Humboldt und Varnhagen von Ense genannt. Besondere Aufmerksamkeit mußte auch der Umstand erregen, daß die Equipage des Nuntius öfters vor Schlegels Haus wahrgenommen wurde und Severoli sich in der Wohnung des romantischen Schriftstellers aufhielt. Am 4. Dezember 1814 wollte Schlegel einer Predigt von Zacharias Werner im Stefansdom beiwohnen. Er «blieb aber nur eine Viertelstunde, weil die Kirche zu voll war, und erfrischte sich dafür in Lenkeys Weinschank mit einem Trunk».

Auf Grund seiner Verdienste um die katholische Kirche erhielt Schlegel nach Abschluß der Kongreßverhandlungen vom Papst den Christusorden verliehen, der eine der höchsten Auszeichnungen des Vatikans ist, die nur in außergewöhnlichen Fällen bewilligt wird.

Der Frankfurter Bundestag um 1816–1818

Auch Metternich zeigte sich mit Schlegels Beitrag zum Wiener Kongreß zufrieden. «Gestern vor acht Tagen», schrieb Dorothea am 9. Juni 1815 an die Gräfin Julie Zichy, «ließ Fürst Metternich Friedrich zum Speisen in den Garten auf dem Rennwege einladen. Er ging mit ihm wohl eine Stunde lang spazieren, bezeugte ihm seine Zufriedenheit mit seinen Arbeiten, sprach zutraulich mit ihm und sagte ihm, daß er ihn an den Bundestag in Frankfurt schicken wollte.»

Schlegel wurde zum Legationsrat an der österreichischen Gesandtschaft in Frankfurt ernannt. Wie Metternich in seinem Pariser Vortrag darlegte, hatte er den Romantiker deshalb in die Diplomatie des Bundestages berufen, «weil es zur Bearbeitung der öffentlichen Meinung in Deutschland, an einem Zentralpunkt, wie es der Bundestag sein wird, von nicht geringem Vorteile sein muß, daselbst einen Geschäftsmann zu haben, der durch seinen literarischen Ruf und durch seine literarischen Verbindungen einen gewissen günstigen Einfluß zu gewinnen vermag».

Schlegel traf am 27. November 1815 in Frankfurt ein und weilte hauptsächlich in schriftstellerischer Funktion am Bundestag. In dieser Eigenschaft hat er anfänglich die Protokolle der Parlamentsverhandlungen redigiert, er hat für Metternich eine ganze Reihe von Denkschriften zur *Beeinflussung der öffentlichen Meinung* in

Friedrich Schlegel am Frankfurter Bundestag, 1815–1818.
Gemälde von Delphine de Custine

Deutschland ausgearbeitet und vor allem in deutschen Tageszeitungen den österreichischen Standpunkt zu den Bundestagssitzungen propagiert. Seine Frankfurter Tätigkeit kann nicht anders als erfolgreich bezeichnet werden, da er in den beiden führenden Blättern von damals, dem «Hamburgischen Unpartheyischen Correspondenten» und der «Allgemeinen Zeitung» Cottas, ausführliche Artikelserien zur politischen Situation in Deutschland veröffentlichte, die ein wichtiges Kapitel aus der Verfassungsgeschichte des Bundestages darstellen.

Dennoch bilden die drei Frankfurter Jahre (November 1815 bis Herbst 1818) keine rühmliche Epoche in Schlegels Leben. Neben seinen Tätigkeiten in der österreichischen Gesandtschaft wurde Schlegel tief in die städtische Politik Frankfurts verwickelt und trat hier mit einer neuen Gruppe von Repräsentanten des politischen Katholizismus, mit dem Kreis um die Brüder Schlosser auf Stift Neuburg, in engen Kontakt. Aus diesen verschiedenen politischen Tätigkeiten spricht diesmal ein Eifer und eine Hast, die Zeitgenossen, wie zum Beispiel Varnhagen von Ense, mit dem religiösen Übereifer des Konvertiten erklärten. Friedrich von Gentz schrieb am 18. Mai 1816 an Wessenberg: «Was Sie mir von Schlegel sagen, wundert mich gar nicht. Zu praktischen Geschäften war er nie tauglich; und seit einigen Jahren hat ihn die religiöse, oder besser kirchliche Wut vollends zum Narren gemacht, woran seine Frau großen Anteil hat.» Als August Wilhelm Schlegel nach dem Tode Madame de Staëls in Frankfurt war und Gentz die beiden Brüder verglich, kam er am 17. September 1818 in einem Brief an Pilat zu dem wenig schmeichelhaften Ergebnis: «Der Unterschied zwischen den beiden Brüdern ist heute ungeheuer groß, und nach meiner Einsicht völlig zu Gunsten von A. W. Er ist freilich sehr eitel; aber voll Leben, und Tätigkeit, und Talent. Friedrich ist jetzt, nach Hatzfeld's ewig glücklicher Distinktion, der wahre Blei-Schlegel, der andre mehr als je, ein Stahl-Schlegel.»

Schon ein Jahr nach Schlegels Ankunft in Frankfurt war es zu Verstimmungen mit dem Leiter der österreichischen Delegation, dem Grafen Buol-Schauenstein, gekommen. Trotz hoher Stellung und ausgedehnter journalistischer Tätigkeit war Schlegel in kürzester Zeit erneut in eine so tiefe Verschuldung geraten, daß er Dorothea im April 1818 zu ihren Söhnen Johannes und Philipp Veit nach Rom sandte, um seine Lage zu erleichtern. Die in Frankfurt weilenden österreichischen Beamten betrachteten den Romantiker als ein «meuble superflu» und unterbreiteten Metternich die Bitte «d'en eloigner Schlegel». Metternich kam im September 1818 nach Frankfurt und empfing Schlegel zweimal, am 4. September und zwei Wochen später auf seinem Gut, dem Johannisberg, wobei er überaus gnädig und liebenswürdig gewesen sein soll. Er entschied Schlegels Rückkehr nach Wien, und damit war die politische Karriere des Romantikers beendet.

Das weitere Verhältnis zwischen Metternich und Schlegel ist meisterhaft von Heinrich von Srbik zusammengefaßt. In seinem Werk über den österreichischen Staatskanzler sagt er: «Metternich ... blieb dem Mann, der ihm die erste und die zweite Auflage seiner Geschichte der alten und neuen Literatur zueignete, persönlich stets gewogen und befriedigte im Bereich des Möglichen auch seine Geldansprüche, er trachtete den verbitterten Romantiker durch Liebenswürdigkeiten in Frankfurt und auf Johannisberg Österreich zu erhalten, eine amtliche Stellung gewährte er ihm nicht mehr. Er nahm ihn 1819 in seinem Gefolge auf die Reise Franzens nach Italien mit ... aber der bittern Zeit des Wartens und Hoffens machte der Minister kein Ende, Vertröstungen und Aufschieben mußte Schlegel als Metternichs Art erkennen. Der Fürst plante eine literarisch-wissenschaftliche, keine diplomatische Verwendung für Friedrich, dieser verglich sich einem Jäger, den das erlauchte Wildbret lange herumzieht, ehe er ihm nahe treten kann, und mußte sich mit dem Ruhegehalt, den ihm der Fürst erwirkte, mit gelegentlichen politisch-publizistischen Aufträgen und mit der Mitwirkung an den ‹Jahrbüchern› und dem ‹Beobachter› begnügen.»

SPÄTE MYSTIK
(1819–1829)

Die große Chance, die in dieser Abberufung für Schlegels geisteswissenschaftlichen Arbeiten lag, wurde von niemandem klarer gesehen als von Dorothea. Sicherlich zählt es zu den bedeutendsten Hilfen, die Dorothea ihrem Mann je gab, daß sie ihn seit dieser Zeit anspornte, nun das zum Ausdruck zu bringen, was er selbst für das Bedeutendste seines geistigen Schaffens hielt – nämlich nach der Vollendung seiner literaturwissenschaftlichen, kunsttheoretischen, historischen und politischen Arbeiten auch seine philosophischen und theologischen Gedanken in umfassenden Werken darzustellen. «Ich glaube immer, es ist Deiner Natur zuwider, fixiert irgendwo zu sein», schrieb Dorothea am 26. Juni 1819 ihrem Mann aus Rom, «und da wir es nun durch viele falsche Tendenzen, und mit manchen Aufopferungen doch so weit gebracht haben, daß wir nicht fixiert sind und Du also Dich so frei als möglich fühlst, so laß auch keine Betrübnis dich überwältigen, sondern ich möchte sagen, genieße nicht so wohl, sondern benütze deine Freiheit.»

Obwohl Schlegel von nun an, ja eigentlich schon seit dem Aufenthalt in Ungarn, unter Krankheitssymptomen – vor allem unter jenem *Andrang des Bluts – den wir schweren Leute wohl am meisten zu fürchten haben* – zu leiden hatte, vollendete er in dem nun folgenden Jahrzehnt die großen zusammenfassenden Arbeiten seiner sogenannten Spätzeit. Vom Februar bis zum August 1819 unternahm er noch in der Begleitung des österreichischen Kaisers und Metternichs als Kunstsachverständiger eine Italienreise. Damals trat er mit der in Rom lebenden Gruppe der Nazarener in Kontakt, der auch seine Stiefsöhne Philipp und Johannes Veit zugehörten, und propagierte das von ihnen vertretene Ideal der Malerei in einer Reihe von kleineren Gelegenheitsschriften.

Als er dann zusammen mit Dorothea nach Wien zurückkehrte, widmete er sich zunächst der Herausgabe einer neuen Zeitschrift, die vom Sommer 1820 bis zum August 1823 in sechs Heften unter dem Titel *Concordia* erschien und eine neue Entwicklungsstufe der romantischen Bewegung bestimmt. Diese Zeitschrift ist als das eigentliche Organ der Wiener Spätromantik anzusehen, die wegen des in ihr vorherrschenden politischen, soziologischen und geschichtsphilosophischen Interesses auch politische Romantik genannt wird. Ebenso wie das *Athenäum* die Mitglieder der frühromantischen Schule – vor allem August Wilhelm und Friedrich Schlegel, Novalis und Schleiermacher – zu einem gemeinsamen literarischen Leben zusam-

Vorrede

Der gesammte moralische Zustand unsers Zeitalters, so weit durch wissenschaftliche Belehrung im Gebiete der Philosophie, Geschichte und Litteratur darauf eingewirkt werden kann, ist der eigentliche Gegenstand und Zielpunkt dieser Zeitschrift, zu deren Fortführung wir die Mitwirkung einer bedeutenden Anzahl von Gelehrten und wissenschaftlich gebildeten Männern in Oesterreich und in dem übrigen katholischen Deutschlande hoffen und versprechen dürfen.

Der Ernst des gegenwärtigen Augenblicks in der Welt- und Zeitgeschichte erfordert auch einen neuen Ernst der Behandlung, der nicht mehr bloß auf eine Mannigfaltigkeit litterarischer Unterhaltung und angenehmer Belehrung gerichtet seyn kann. Eine Zeitschrift, in welcher das ganze intellektuelle Leben der deutschen Nation, obwohl in leichter und lebendiger Form umfaßt, und in allem auf jenes ernste und letzte Ziel bezogen, in welcher das gesammte Gebiet der hoheren Geistescultur aus dem Standpunkte des Christenthums betrachtet und bearbeitet würde, ist ein wesentliches Bedürfniß der Zeit geworden. Es ist nichts so nothwendig in dieser vielfach beunruhigten und irre gelockten Zeit, als daß die Gutgesinnten auf einem sichern Grund und Boden des ewig Guten zusammentreten und mit ausdauernder Liebe zusammenhalten und daß unerschütterlich feste Anhalts- und Stützpunkte der Wahrheit und der Gerechtigkeit aufgestellt werden in

1

Aus der Vorrede der Zeitschrift «Concordia». 1820

Friedrich Schlegel als Herausgeber der «Concordia», 1821. Bleistiftzeichnung von Ludwig Schnorr von Carolsfeld

mengeschlossen hatte, ebenso verband die *Concordia* die hervorragenden Repräsentanten der Spätromantik: Friedrich Schlegel, Adam Müller, Franz von Baader, Carl Ludwig von Haller, Zacharias Werner und Franz von Bucholtz.

Vom Radius der hier behandelten Themen aus betrachtet, kommt die *Concordia* von allen vier Zeitschriften, die Schlegel geleitet hat, dem Ideal der *romantischen Enzyklopädie* am nächsten. Es finden sich in diesem Organ profunde philosophische und theologische Studien, literaturkritische und ästhetische Abhandlungen, selbst nationalökonomische und soziologische Untersuchungen. Die geistesgeschichtliche Bedeutung der *Concordia* scheint demnach darin zu liegen, daß in ihr die Weltanschauung der Wiener Spätromantik von

Spätromantiker: Friedrich von Gentz – Adam Müller

einer in sich kohärenten Gruppe von Autoren in nahezu vollständigem Überblick präsentiert wird. Der Standpunkt aber, von dem in der *Concordia* der Zeitgeist analysiert wird, ist ein konsequent durchgeführter Theismus, der eine so weitreichende Anwendung findet, daß die Autoren die Gesamtheit des öffentlichen Lebens bis hin zur «Theorie des Geldes» auf «theologischer Grundlage» zu durchdringen suchen.

Von dieser Leitidee aus betrachtet, stellt die *Concordia* einerseits die äußerste konservative Gegenposition zur marxistischen Gesellschaftslehre dar. In der Kritik von bestehenden gesellschaftlichen Zuständen oder Theorien aber, vor allem in der Auseinandersetzung mit dem wirtschaftlichen Liberalismus von Adam Smith und dem vordringenden Parlamentarismus und Parteienwesen in Europa, wurden in dieser Zeitschrift erstmals sozialpolitische Themen aufgegriffen, welche das 19. Jahrhundert bis zu den päpstlichen Sozialenzykliken bewegten. «Es ist heute ganz allgemein anerkannt», sagt Jakob Baxa, der bedeutendste Sachverständige der politischen Romantik, «daß die romantische Staats- und Gesellschaftslehre nicht bloß eine müßige Beschäftigung ciniger spekulativer Köpfe gewesen ist, sondern daß sie eine gewaltige Wirkung auf ein ganzes Zeitalter

Johann Joseph von Görres – Franz von Baader

ausübte» – wobei nicht zuletzt an den Einfluß auf die historische Schule der Nationalökonomie zu denken ist. Selbst das «Kommunistische Manifest» zollte der spätromantischen Soziallehre ironische Anerkennung und bezeichnete die als «feudalen Sozialismus» klassifizierte Doktrin als «halb Klagelied, halb Pasquill, halb Rückfall in die Vergangenheit, halb Dräuen der Zukunft, mitunter die Bourgeoisie ins Herz treffend durch bittres, geistreich zerreißendes Urteil, stets komisch wirkend durch gänzliche Unfähigkeit, den Gang der modernen Geschichte zu begreifen».

Noch während die letzten Nummern der *Concordia* erschienen, widmete sich Schlegel in den Jahren 1822 bis 1825 der Herausgabe seiner *Sämtlichen Werke*, um darin sein geistiges Bild der Nachwelt so zu überliefern, wie er es nun gesehen haben wollte. Die Retuschen, die Schlegel an seinem Profil vornahm, bestanden hauptsächlich im Weglassen. Der verwirrende, paradoxe Funkenregen der *Athenäums*-Fragmente, die «törichte» *Lucinde* wie auch einige «hyperkritische» Rezensionen fanden in dieser Ausgabe keinen Platz. Aber auch die anderen Werke, die vor dem nun sehr selbstkritisch gewordenen Auge Gnade hatten, wurden nur nach tiefgreifenden Umarbeitungen aufgenommen, womit sie zwar lesbarer und ausgegli-

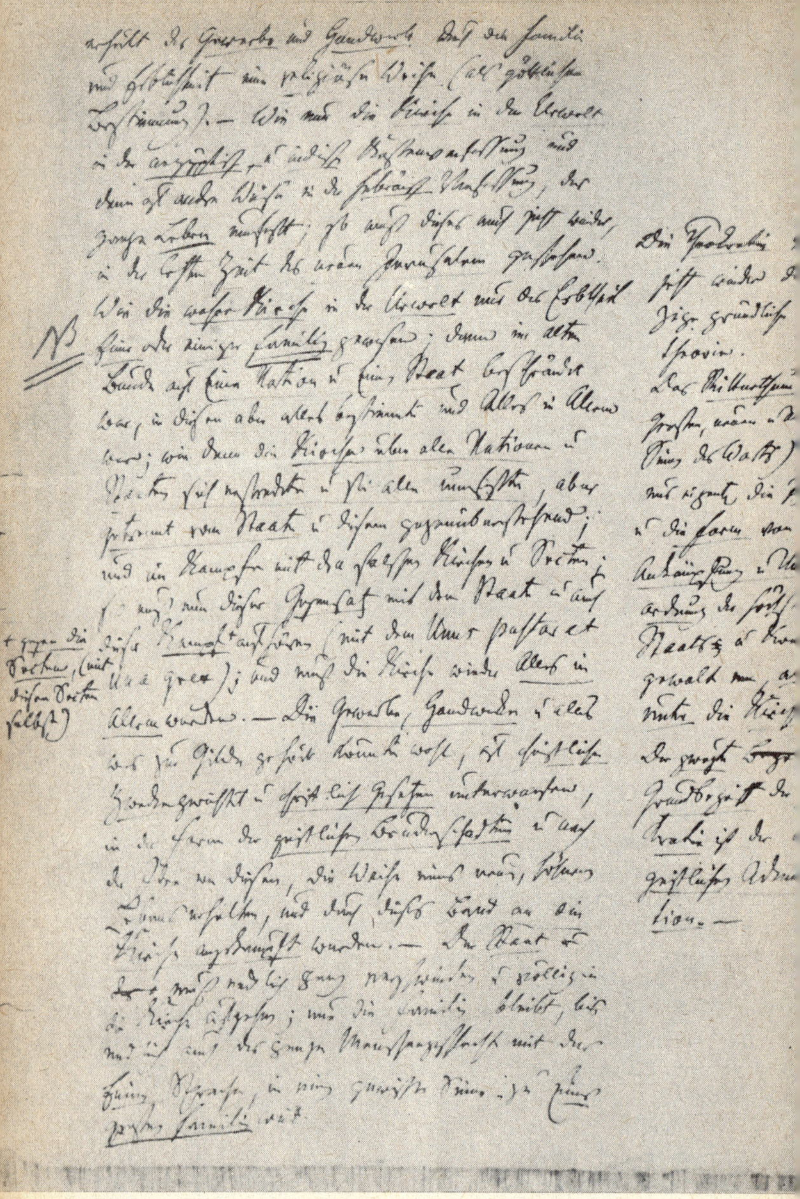

Entwurf Friedrich Schlegels «Über das Ende der Geschichte»

chener wurden, auch eine neue Tiefendimension gewannen, aber kein Bild des ungestümen Begründers der Romantik mehr vermittelten. Diese Gesamtausgabe erschien in 10 Bänden bei J. Mayer und mußte im Jahre 1825 wegen einer – keineswegs durch Schlegel verursachten – finanziellen Katastrophe des Verlages abgebrochen werden. Aber die wichtigsten Leistungen dieser Zeit bestehen nicht so sehr in dieser sammelnden und konservierenden Tätigkeit, sondern in der allmählichen Erarbeitung großer philosophischer Werke.

Während dieser Jahre führte Schlegel ein recht abgeschlossenes Leben, das nur von gelegentlichen Reisen nach Schloß Feistritz in der Steiermark (1820, 1822, 1825), nach Dresden (1824, 1828), Augsburg (1827) und München (1825, 1827) unterbrochen wurde. Auch unterhielt Schlegel von nun an nur einen engen, persönlichen Freundeskreis. Neben Vertretern der sogenannten Spätromantik wie Franz von Baader und Adam Müller, neben Caroline Pichler und verschiedenen Angehörigen der aristokratischen Gesellschaft von Wien zählte dazu wohl an erster Stelle der 1820 verstorbene Generalvikar der Redemptoristen-Kongregation P. Clemens Maria Hofbauer, der – wie Philipp Veit rückblickend sagte – «als ein fast täglicher Gast des Hauses, den bedeutendsten Einfluß auf Friedrich und die selige Mutter [ausübte], welche beide in unbegrenzter Liebe und Hochachtung an ihm hingen». Schlegel stand während dieser Zeit auch mit dem bayerischen Kronprinzen Ludwig, der am 15. Oktober 1825 zum König Ludwig I. gekrönt wurde, in lebhaftem Gedankenaustausch und erörterte mit ihm Möglichkeiten zur Beförderung der christlichen Wissenschaft und Kunst.

Die engste persönliche Beziehung unterhielt Schlegel aber bis zu seinem Tod mit einer gänzlich der Mystik hingegebenen Frau, Christine von Stransky, die als Gattin des Arztes Franz Otto von Stransky in Augsburg lebte. Seit 1820 entspann sich zwischen der schönen, aber unter Krankheit und ehelichem Unglück leidenden Frau und dem Romantiker ein höchst eigentümlicher Briefwechsel, in dem Schlegel seine Partnerin als *Schwester meiner Seele*, als *Mittelpunkt meines Lebens* anredete, mit ihr magnetische und telepathische Praktiken erörterte und im wechselseitigen Ansporn, unter anderem in mystischen Gebetsvereinigungen, immer höhere Stufen des christlichen Glaubens und der göttlichen Begnadung zu erringen strebte. In diesem Briefwechsel gehen sichtlich, wie schon Josef Körner bemerkte, «neben übersinnlich-mystischen auch starke erotisch-sinnliche Regungen einher». Aber auch in philosophischer und literarischer Hinsicht ist diese esoterische Korrespondenz ein sehr nachdenklich stimmendes Dokument, indem Schlegel hier im intimsten, persönlichen Gespräch eine eschatologische Geschichtsphilosophie, eine apokalyptische Vision vom bevorstehenden Weltende entwickelt und als zentraler Begriff seiner Interessen die *Hieroglyphe* in den Vordergrund tritt. *Ich habe mich in den letzten beiden Jahren sehr viel mit den Hieroglyphen beschäftigt,* schrieb er seinem Bruder am 6. Juni 1826: *Ich fühle mich sehr von dieser symbolischen Rätselwelt angezogen, die mit vielen Geheimnissen der Seele und des Geistes in Berührung steht.* Ebensowenig wie die Erörterung des Hieroglyphenbegriffes in den Briefen an Christine von Stransky bezieht sich diese Äußerung nur auf die ägyptischen Inschriften, sondern auch auf den weiteren Umkreis von *Hieroglyphen der Natur,* des menschlichen Geistes oder sogar der Geschichte, die Schlegel in esoterischen Kontemplationen und unter besonderen Inspirationen entziffern zu können glaubte.

Während dieser Jahre kam es zu einem endgültigen Bruch mit August Wilhelm Schlegel. Der direkte Anlaß zu dieser Entzweiung lag bereits in der Zeitschrift *Concordia,* in der ein prononciert katholischer Gesichtspunkt eingenommen wurde und an welcher der Bruder – nun zum erstenmal in einer von Friedrich Schlegel geleiteten Zeitschrift – nicht mehr mitarbeitete. August Wilhelm Schlegel sah die ersten Hefte der *Concordia* 1820 in Paris. «Als ich die Concordia las, fiel ich wie aus den Wolken; vieles darin erfüllte mich mit der höchsten Indignation», teilte er seinem Bruder rückblickend mit: «Wie Du sagen kannst, Du haltest Dich von den Zeitparteien entfernt, ist mir unbegreiflich. Mit den allgemeinen Aussprüchen über das Zeitalter ist es eine mißliche Sache. Von allem was ich darüber in Deinen neuern Schriften und Briefen gelesen, habe ich immer das gerade Gegenteil gedacht, oder auch gar nicht verstanden, was Du willst. Doch ja! ich verstehe es nur allzu gut.» Er wollte damals seine Ablehnung spontan in einer öffentlichen Polemik ausdrücken, und nur auf begütigendes Zureden von Dorotheas Schwester, Marie Mendelssohn, ließ er die Abhandlung ungedruckt.

Im Juni 1827 erschien in der Pariser Zeitschrift «Le Catholique» ein Artikel, der sich mit der Konversion führender deutscher Protestanten zum Katholizismus befaßte. Als August Wilhelm Schlegel darin las, daß er als «à moitié catholique» bezeichnet wurde, fühlte er sich veranlaßt, den Plan einer öffentlichen Stellungnahme wieder aufzugreifen. In der Flugschrift «Berichtigung einiger Mißdeutungen» von 1827, die Oskar Walzel als «geistigen Brudermord» bezeichnet hat, setzte er sich von Friedrich Schlegel ab und brachte mit schneidendem Sarkasmus zum Ausdruck, daß er sich weit davon entfernt fühle, «mich von der Gemeinschaft meines Vaters, meines ältern Bruders, und so vieler Vorfahren, welche nicht nur Anhänger, sondern seit mehr als 200 Jahren Prediger des evangelischen Glaubens waren, trennen, sie als verderbliche Irrlehrer verdammen, und ihre Gebeine aus der christlichen Begräbnisstätte herauswerfen zu wollen». Friedrich Schlegel hatte den Bruder beschworen, diese Geschmacklosigkeit zu unterlassen, und als die Schrift dennoch erschien, fand die Verbindung zwischen den Brüdern Schlegel ihr definitives Ende. «Beziehungen», sagte Oskar Walzel, «aus denen beide Brüder so viel gewonnen haben, die für das deutsche Geistesleben von so außerordentlichem Wert gewesen waren, konnten trauriger nicht enden.»

Friedrich Schlegel arbeitete während dieser Jahre *unablässig* an der Ausgestaltung seiner Philosophie. Um den Zusammenhang des

Versuch einer Einteilung der zwanzig Hefte der «Philosophischen Lehrjahre»

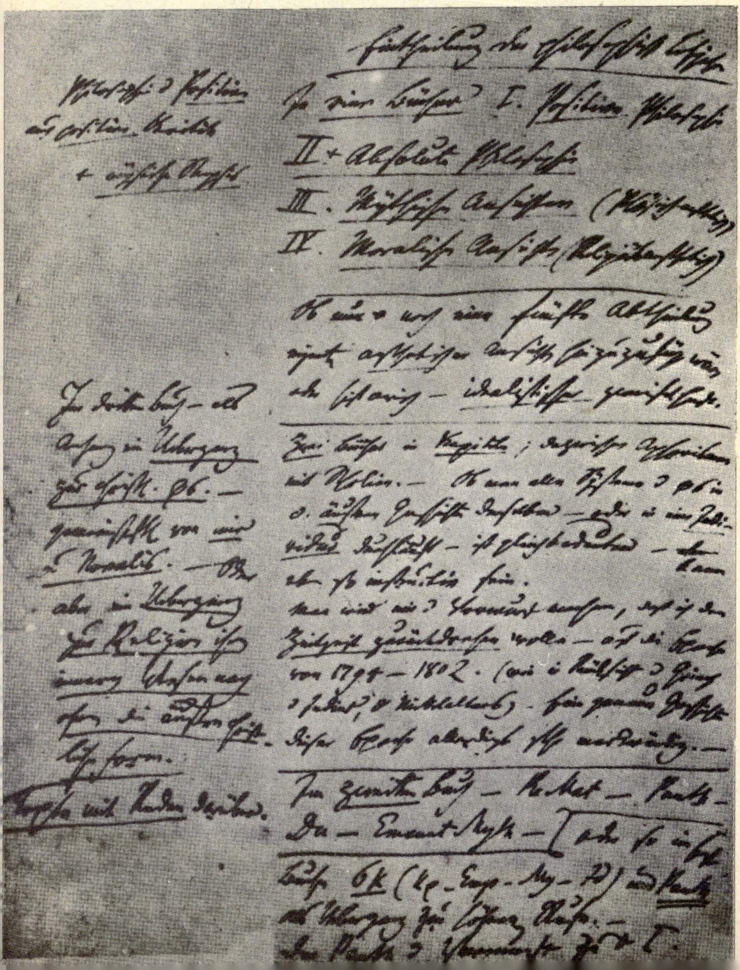

von ihm errichteten Gedankengebäudes zu erfassen, geht man am zweckmäßigsten von jener Idee aus, die er selbst als den innersten Nerv seines philosophischen Nachdenkens ansah und gern mit den Begriffen *Philosophische Lehrjahre, Geschichte meiner Bildung* oder *inneres Symphilosophieren* bezeichnete. Im Unterschied zu den idealistischen Systemkonstrukteuren der damaligen Zeit glaubte Schlegel nämlich nicht daran, daß sich der Inhalt seines philosophischen Reflektierens in einem geschlossenen System darstellen lasse. Philosophieren war ihm eine beweglichere und zugleich persönlichere Angelegenheit. *Auf jeden Himmel läßt sich einer draufsetzen* – mit dieser Wendung hatte er schon während der Jenaer Zeit den Glauben an das System abgelehnt und im *Athenäums*-Fragment 53 gesagt: *Es ist gleich tödlich für den Geist, ein System zu haben, und keins zu haben. Er wird sich also wohl entschließen müssen, beides zu verbinden.* In den Pariser Vorlesungen hatte er die *Philosophie eines Menschen* ganz platonisch als *die Geschichte, das Werden, Fortschreiten seines Geistes, das allmähliche Bilden und Entwickeln seiner Gedanken* bezeichnet – eine Auffassung der Philosophie, die in der Sprache Bergsons als «offenes System» zu benennen wäre.

Auch darin stimmte Schlegel mit Bergson überein, daß er die Veröffentlichung philosophischer Einsichten für unwesentlich hielt. «Man ist ja wirklich nicht verpflichtet, ein Buch zu schreiben», hatte der französische Philosoph gesagt, der lange Zeit hindurch die Erkenntnisse des Werkes «Les deux sources de la morale et de la religion» zurückgehalten hatte. *Nur sehr unvollständig, ganz zufällig und fragmentarisch ist in verschiedenen Epochen mir eins und das andre von dieser meiner immer noch im Werden begriffnen, und nicht vollendeten Philosophie in meinen übrigen und frühern literarischen Arbeiten und Werken zum Vorschein gekommen, oder herausgefahren,* sagte Schlegel zu einer Zeit, als er mit umfassenden philosophischen Abhandlungen an die Öffentlichkeit trat – nachdem er schon am 7. November 1812 an Jacobi geschrieben hatte: *Ich schob den Zeitpunkt, da ich reden wollte, immer weiter hinaus. Ich schrieb kritisch und literarisch über Kunst, Geschichte und Literatur. Ich konnte es nicht verhindern, daß nicht einiges Philosophische, einiges von dem, was mich eigentlich mehr als alles andre beschäftigte, mit zum Vorschein kam.* Statt gedruckt erschienener «philosophischer Systeme» hatte Schlegel im Verlauf seines geistigen Werdeganges zwanzig *philosophische Hefte* verfaßt, in denen er die wichtigsten *Epochen der philosophischen Lehrjahre* festhielt, und seit 1807 zudem eine Reihe von Notizbüchern unter dem Titel *Zur Philosophie und Theologie* begonnen, die bis zum Jahre 1828 zu 42 Heften anwuchsen.

Friedrich Schlegel im Jahre 1826. Zeichnung von Auguste von Buttlar

Die frühen *Epochen der philosophischen Lehrjahre* wurden bereits charakterisiert. Sie bestehen im wesentlichen darin, daß Schlegel in der Frühzeit des *Athenäums*, im Ausgang von Fichte und in Gemeinschaft mit Schleiermacher, die *genetische Bewußtseinstheorie* zu einer historisch fundierten Geisteswissenschaft umbildete und später, unter dem Einfluß Schellings, in Zusammenarbeit mit Novalis, die pantheistische Naturphilosophie dieser Jahre mit der Theorie der dichterischen Einbildungskraft in eine enge Beziehung setzte. Während der Pariser und Kölner Zeit erfolgte der «Weg nach innen», in den Lebensgrund des Bewußtseins oder den göttlichen Urgrund –

Die «vier Systemhäupter» des «vollendeten Zyklus» der deutschen Philosophie: Kant – Jacobi

ganz ähnlich wie Maine de Biran in Frankreich fast zur selben Zeit mit der Methode der introspection die Erfahrung eines «moi qui est plus moi-même que moi-même» gewann. *Sehnsucht* und *Erinnerung, Liebe* und *Uroffenbarung* führten den menschlichen Geist zum göttlichen Wesen. Schlegel erarbeitete eine Theorie des liebenden Gottes, der sich – wie Windischmann es formulierte – dem sehnenden Ich als das allein befriedigende Objekt zu erkennen gibt und in dem «die Einigkeit so wie die Selbständigkeit des Ich und Du» allein sichergestellt ist.

Dieser Personalismus der «Philosophie des Du» schloß aber auch interessante kritische Digressionen ein. Auf dem Frankfurter Bundestag hatte Schlegel im Juli 1817 den französischen Philosophen Victor Cousin kennengelernt und diesem, wie Cousin berichtete, in «vorzüglichem Französisch» die Entwicklungstendenzen der neueren deutschen Philosophie auseinandergesetzt, die er in einem ähnlichen Sinne wie in seinen philosophischen Heften charakterisierte. Nach Schlegel war der Gang der deutschen Philosophie in zyklischer Bewegung von Kants Kritik zu Fichtes Bewußtseinstheorie und von da weiter zu Schellings Naturphilosophie verlaufen. Die noch bevorstehende Aufgabe erblickte er in der Ausbildung eines neuen Spiritualismus auf christlicher Erfahrungsgrundlage. Schlegel sah in Ja-

Fichte – Schelling

cobi, dem späten Schelling und Franz von Baader die Anzeichen dieser Entwicklung, die er ungefähr seit 1820 als seine eigene Lebensaufgabe erblickte.

Überhaupt stellte sich die Philosophie des deutschen Idealismus für Schlegel in vier bedeutenden Systemen vollständig dar: in Kant, Jacobi, Fichte und Schelling. Diese *vier Systemhäupter* drückten für Schlegel gleichzeitig zwei grundsätzliche Weisen des Wissens aus. Eine Art des Wissens war die von Fichte und Schelling ausgebildete idealistische Spekulationsmethode, die *auf die Übereinstimmung des Begriffs oder des Denkens mit sich selbst gerichtet ist,* dabei aber *totes, abstraktes Wissen* blieb; die andere Art des Wissens wurde von Kant und Jacobi vertreten, die an der Fähigkeit metaphysischer Spekulation verzweifelt hatten und deshalb den «Primat der praktischen Vernunft» vertraten, beziehungsweise auf den Glauben rekurrierten. In diesem Gegensatz von zwei Arten des höchsten Wissens: reine Spekulation und reiner Glaube, lebte für Schlegel gleichzeitig der klassische Gegensatz von Glauben und Wissen wieder auf, für den es freilich in diesen vier Systemen keine Überbrückung gab. Ferner waren diese vier Systeme für Schlegel Ausdruck des *zersplitterten Bewußtseins,* indem je eines der Elementarkräfte des Bewußtseins: Verstand und Wille, Vernunft und Phantasie in diesen Syste-

Repräsentanten des «Satanismus»:

men vorherrschend ist. Diese vier Systeme werden nach ihm *aus einem sehr richtigen Gefühl* als zusammengehörig erachtet, sie bilden *einen abgeschlossenen Cyklus.*

Von diesem Hintergrund aus läßt sich auch Schlegels Kritik an der Hegelschen Philosophie bestimmen. Der Romantiker ging dabei von der Überzeugung aus, daß Hegel ein Sproß der Fichteschen Philosophie sei. Jener *erste Cyklus der deutschen Philosophie* – die vier genannten Systeme – mußte nach Schlegel *als ganz beschlossen und vollkommen vorübergegangen* angesehen werden. Für Schlegel würde es *eine ganz unnütze Mühe sein, wenn uns jemand etwa einen vollendeter durchgeführten oder auch höher gesteigerten Fichte vorstellen wollte,* wobei zudem an Stelle der *edlen Inkonsequenz* Fichtes nur ein *absoluter Stumpfsinn für alles Göttliche bei einem unendlichen Fluß und Zufluß des leeren abstrakten Denkens* übrigbliebe. Dies ist Schlegels Urteil über die Hegelsche Philosophie. In apokalyptischen Gedankengängen wird Hegels über das Individuelle und Personale hinwegschreitender absoluter Geist – *d. h. der böse Geist der Verneinung und des Widerspruchs* – mit dem *Feind des Menschengeschlechts und König des Abgrunds* in Beziehung gesetzt, wie er für Schlegel, in unvermutetem Zusammentreffen, damals auch im «Satanismus» Lord Byrons *auf den Thron gestellt* wurde. In ähnlichen apokalyptischen Formulierungen hatte Hegel übrigens in der «Phänomenologie des Geistes» Schlegels frühromantische Ironie als das «absolut Böse» bezeichnet. «Wiederum hatten sich die beiden traditionellen Typen der Philosophie affrontiert, die Friedrich Schlegel selbst unterschieden hatte, als er den Aristotelismus und Platonismus in einen Gegensatz stellte», sagte Jean-Jacques Anstett angesichts dieser bis zum äußersten getriebenen geschichtsphilosophischen Wechselvernichtung der beiden Denker.

Soll die Philosophie aber ihr Ziel erreichen, so muß sie für Schlegel aus dem *Cyklus* der idealistischen Systeme heraustreten und

Lord Byron

Hegel

nicht ausgehen von einer, wenn gleich höheren Stufe des Bewußtseins, als vielmehr aus der ganzen Fülle der Ichheit des Lebens, sie soll alle Kräfte des Menschen auffassen. Dies geschieht aber nicht durch die Perfektionierung der spekulativen Methode (Fichte, Schelling), noch durch den *salto mortale in den Abgrund der göttlichen Barmherzigkeit* (Jacobi, Kant), sondern einzig im Rückgang auf das Prinzip der Personalität und die Wirklichkeit des Lebens, worin Schlegel – wie Hegel im absoluten Wissen – die Krönung der Philosophie erblickte.

Schlegel hat diesen Weg zur Begründung eines neuartigen philosophischen Denkens in drei großen Vorlesungsreihen zu weisen versucht, die – wie die Literaturgeschichte – als umfassende Werke gedruckt wurden und die Summe seines philosophischen Nachdenkens ziehen. Vom 25. März bis zum 31. Mai 1827 hielt er in Wien Vorlesungen über die *Philosophie des Lebens;* vom 31. März bis zum 30. Mai trug er, ebenfalls in Wien, in 18 Kollegs eine *Philosophie der Geschichte* vor; und am 5. Dezember 1828 begann er im polnischen Hotel zu Dresden eine Vortragsserie über die *Philosophie der Sprache und des Wortes.* Jedes der drei Werke trägt einen Titel, der eines der vorherrschenden Themen der Philosophie des 19. und 20. Jahrhunderts bezeichnet.

Diese drei Vorlesungsreihen stellten aber nach Schlegels Plänen nur den Anfang einer umfassenderen Mission dar. Für München, Bonn und Berlin hatte er weitere Vorlesungen über die Schöpfung, den Zeitgeist und das Weltgericht angesetzt, die schließlich von einem universalen *System der gesamten christlichen Philosophie* gekrönt werden sollten. Mitten aus diesem gewaltigen Unternehmen riß ihn der Tod. Aber selbst wenn es vollendet wäre, würden wir damit nicht Schlegels philosophisches Hauptwerk besitzen. Dies bestand für ihn selbst in jenen Heften, in denen sich seit den Tagen von Jena die Phasen seiner *Philosophischen Lehrjahre* widerspiegelten. Philosophie war für Schlegel ein nie zu vollendender Weg des Denkens, der auch

Friedrich Schlegel kurz vor seinem Tode.
Kupferstich von J. Axmann nach einem Gemälde von Auguste von Buttlar

im Alter nicht zum Abschluß gekommen war. In diesem Zusammenhang ist von Interesse, daß Freunde wie Schleiermacher und Tieck die Vermutung aussprachen, «er habe auch im Katholizismus kein endgültiges Genüge gefunden und kurz vor seinem Tode davon abzurücken begonnen». Daß dies Werk nicht vollendet wurde, steht demnach innig mit Schlegels Auffassung der Philosophie in Einklang, die er schon in Paris *überhaupt mehr ein Suchen, ein Streben nach Wissenschaft als eine Wissenschaft selbst* genannt hatte – wiederum im Hinblick auf Platon, über den er sagte: *Er ist nie mit seinem Denken fertig geworden, und diesen immer weiter streben-*

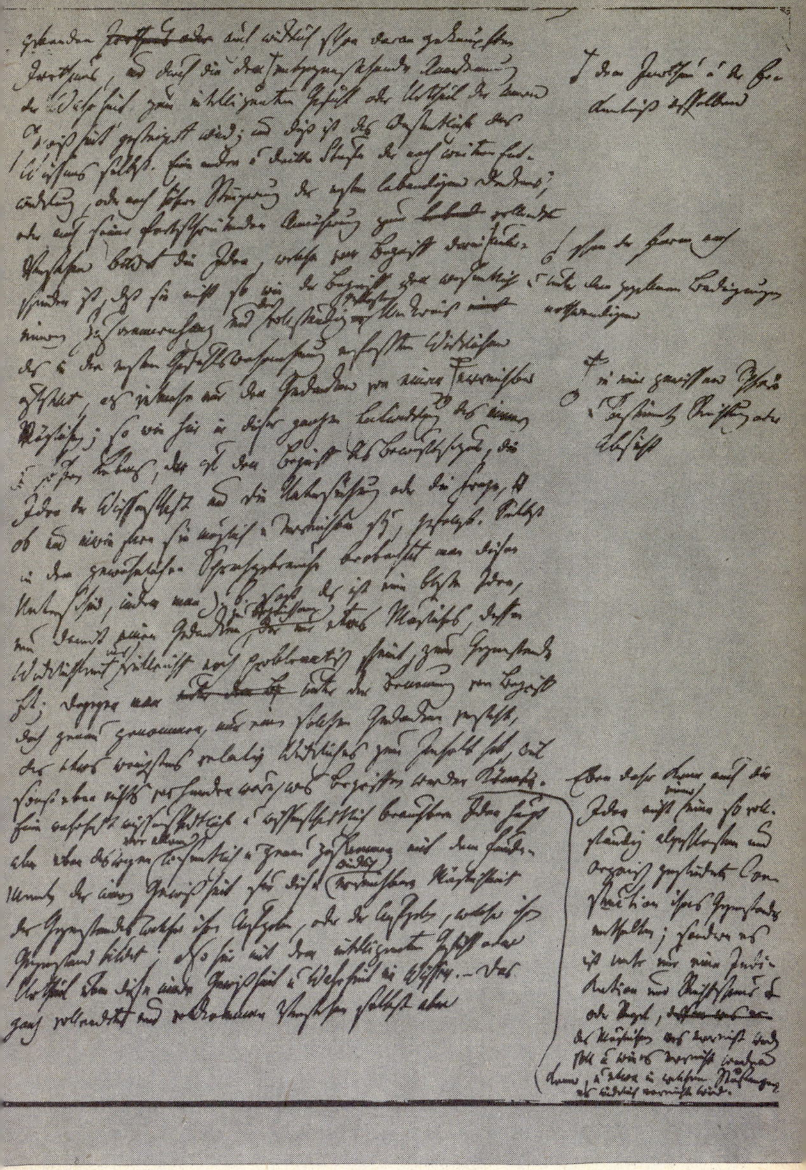

Die letzte Seite von Friedrich Schlegels Vorlesungsmanuskript über die Philosophie der Sprache und des Wortes

Friedrich Schlegels Grab in Dresden

den Gang seines Geistes nach vollendetem Wissen und Erkenntnis des Höchsten, dieses ewige Werden, Bilden und Entwickeln seiner Ideen hat er in Gesprächen künstlich darzustellen gesucht.

Die Vorlesung über die *Philosophie der Sprache und des Wortes* hatte Schlegel nach Dresden, in die Stadt seines jugendlichen Beginnens geführt. Da Dorothea in Wien zurückgeblieben war, reiste Schlegel in der Begleitung seiner Nichte, der Malerin Auguste von Buttlar – einer Tochter der Schwester Charlotte, die er seinerzeit als das zweijährige «Wilhelminchen» in der *Lucinde* gezeichnet hatte. Am 11. Januar 1829 arbeitete Schlegel schriftlich das Manuskript für die nächste Vorlesung aus, unterbrach aber mitten im Satz seine

Ausführung über das *ganz vollendete und vollkommene Verstehen* – ein Thema, das ihn sein Leben lang beschäftigt hatte. In der Nacht traf ihn ein schwerer Herzanfall, dem er nach einigen Stunden erlag. «Durch Tieck wirst Du wohl alle näheren Umstände ohne Zweifel erfahren haben», berichtete die noch erschütterte Nichte am 16. Februar 1829 August Wilhelm Schlegel nach Bonn, «und deshalb brauche ich Dir nicht alles zu wiederholen, denn aufrichtig gesagt, die bloße Erinnerung jener schaudervollen Stunden der Angst und Verzweiflung erregt mir jetzt noch Entsetzen! Denn Du kannst Dir denken, in der Nacht mit einem Sterbenden, der aufs gewaltsamste mit dem Tode rang, ohne Hilfe und allein zu sein, ist kein kleines; ich konnte erst keinen Menschen erwecken, und als endlich Leute kamen, die ich sogleich nach ärztlicher Hilfe wieder fortschickte, verschied er in meinen Armen. Seine Züge noch wenige Stunden vorher das Bild des frischesten Lebens, waren gräßlich entstellt und haben einen um so tieferen Eindruck auf mich gemacht, da er der erste war, den ich hatte sterben sehen. – Ich habe seine Leiche kurz vor der Beerdigung wiedergesehen und fand die Züge vorteilhaft verändert, sein Ausdruck war ruhig und ernst.»

In Wien rief die Nachricht tiefe Bestürzung hervor. Metternich nahm sich persönlich des Transportes von Schlegels Dresdner Manuskripten an, Adam Müller erlitt bei der Botschaft einen Nervenschlag, dem er erlag, und Dorothea betrauerte, wie sie Karl Schlegel am 28. Januar 1829 mitteilte, «den treuesten Freund, Gatten, Bruder, ach ja alles was ein Mensch dem andern hier auf Erden sein kann».

DER WANDEL UNSERES SCHLEGEL-BILDES: HUNDERT JAHRE SCHLEGEL-FORSCHUNG

Als Friedrich Schlegel 1829 starb, zählte er zu den berühmtesten Vertretern des deutschen Geisteslebens. Freilich war von dieser hervorragenden Stellung schon bald nicht mehr viel bekannt. Durch eine einseitige Geschichtsschreibung, deren historische Entstellungen Josef Körner in allen Einzelheiten nachgewiesen hat, sind Schlegels geistige Leistungen zugunsten von anderen Vertretern dieser Blütezeit der deutschen Literatur und Philosophie bewußt in den Hintergrund gedrängt worden.

Der Ruhm, den Schlegel gegen Ende seines Lebens genoß, bezog sich aber nicht ausschließlich auf die literaturwissenschaftlichen und ästhetischen Arbeiten, die er im Zusammenhang der romantischen Bewegung geschaffen hatte, sondern ebenso auf die historischen, politischen und vor allem die philosophischen und theologischen Werke, denen die späteren Jahre seines Lebens gewidmet gewesen waren. Zusammen mit Schelling galt Schlegel als der führende Repräsentant einer christlichen Philosophie. Man braucht nur den Historiker der Kirchengeschichte dieser Epoche, Karl Werner, aufzuschlagen, namentlich den Abschnitt seiner «Geschichte der katholischen Theologie», der den Titel trägt: «Geistiger Aufschwung im Katholizismus des neunzehnten Jahrhunderts und Rückwirkung dieses Aufschwunges auf die ideelle Vertiefung und wissenschaftliche Durchbildung der katholischen Theologie in Deutschland», um einen Eindruck von der führenden Stellung Friedrich Schlegels unter den «Repräsentanten und Koryphäen des ideellen Aufschwunges», nämlich Adam Müller, Joseph von Görres, C. H. J. Windischmann, Molitor, Baader, Günther usw. zu erhalten. «Keine zweite Epoche seit dem Konzil von Trient ist für die Entwicklung des Katholizismus wichtiger geworden», sagte Oskar Walzel unter dem Eindruck dieses Zeitgemäldes von Karl Werner.

Charakteristischerweise waren die editorischen Bemühungen um Schlegels Werk, die nach seinem Tode begannen, diesem philosophischen und theologischen Teil seines Schaffens gewidmet. Die *Philosophie des Lebens* und die *Philosophie der Geschichte* hatte Schlegel noch selbst herausgegeben. Das Manuskript der *Philosophie der Sprache,* das durch Metternichs Vermittlung nach Wien gelangte, wurde von Dorothea 1830 in unvollendetem Zustand ediert. Im Jahre 1846 entschloß sich der Wiener Verleger Ignaz Klang, eine neue Gesamtausgabe von Schlegels Werken zu publizieren. Damals war Schlegel immer noch ein vielgelesener Autor. Die erste Gesamt-

Dorothea Schlegel.
Zeichnung von Philipp Veit

ausgabe von 1822 bis 1825 war in 5 Ausführungen vergriffen, und die gesondert erschienenen Werke waren in fast alle europäischen und slavischen Sprachen übersetzt, sie wurden bis nach Amerika vertrieben. Diese zweite Gesamtausgabe fügte dem Nachdruck der zehnbändigen ersten Edition die philosophischen Altersvorlesungen wie auch die gesondert erschienenen Werke *Über die neuere Geschichte* und *Über Sprache und Weisheit der Indier* hinzu.

Dorothea fand sich freilich beim Tode ihres Mannes einer weit verwickelteren Verpflichtung gegenüber, als lediglich das ungedruckte Alterswerk Friedrich Schlegels zu betreuen. Wie sie Karl Schlegel mitteilte, hatte der Verstorbene nur «mehrere Schulden», aber «kein Vermögen hinterlassen». Statt dessen fand sich in seinem Nachlaß eine wahre Fülle von Manuskripten, die nach einem von Dorothea angefertigten Katalog aus rund 180 unveröffentlichten Heften bestanden. Vier eigene Reflexionsstränge, nämlich 20 Hefte mit dem Titel *Zur Philosophie*, 19 Hefte *Zur Poesie und Literatur*, 18 Hefte *Zur Geschichte und Politik* und 42 Hefte *Zur Theologie und Philosophie*, sämtlich von Schlegels Hand und angefüllt mit Zehntausenden von Fragmenten, führten durch seine geistige Entwicklung von 1795 bis 1828 und zeigten die verschiedenen Epochen seiner *Philosophischen Lehrjahre*.

Ausweis

Ueber Empfang und Ausgaben die Wohlgeborne Frau (Dorothea Schlegel von Gottleben, als Übernehmerin der Verlassenschaft ihres sel. Gemahls, Herrn Carl August Friedrich Schlegel von Gottleben, k. k. Legationsrathes), betreffend.

Empfang

	Conv. Münze f	kr
Am 13. Octobr 1829. in baarer Conv. Münze erhalten . . .	350.	–
" 31. Octobr 1829. wurde der Frau Witwe und Erbin vom Schlegelschen Verlassenschafts Curator, Herrn Dr Handschuh von dem landrechtlichen Depositenamte erfolgt . . .	539.	28.
Summe des Empfangs . f	939.	28.

Ausgaben

Hievon wurden folgende Verlassenschafts-Passiva bezahlt:

No		f	kr
1.	1. dem Herrn Dr Caspar Wagner laut Schuldschein No 1.	142.	4.
2.	und seine baaren Auslagen bei gerichtlichen Einschreiten für die Frau Witwe während der Abhandlung laut No 2. mit	4.	29.
3.	2. dem Herrn Johann Edlen von Buchmann laut des Wechsels No 3.	200.	–
4.	3. den Herren Arnstein & Eskeles laut No 4.	236.	47.
5.	4. dem Herrn Dr Bach für Friedrich Brunmann in No 5.	275.	–
6.	5. dem Herrn Dr Carl Handschuh seine Curatels-Expensen in No 6. mit	54.	32.
7.	6. die Zahlungen laut Quittung No 7. mit	9.	49.
	Summe der Ausgaben . f	922.	41.

	f	kr
Werden vom Empfange zu	939.	28.
die Ausgaben abgezogen mit	922.	41.
so kommen der Frau Witwe hinaus zu bezahlen . f	16.	47.

Wien am 6. November 1829.

Caspar Wagner

Inventur von Friedrich Schlegels Vermögen am 6. November 1829

Zunächst fand sich Ludwig Tieck bereit, der Witwe bei der Edition der literarischen Hinterlassenschaft Schlegels behilflich zu sein. «Man fordert mich von vielen Seiten auf, seinen Nachlaß zu sondern und herauszugeben», schrieb er am 23. Februar 1829 an Dorothea: «Wie denken Sie darüber? Sollte ich es nicht gemeinschaftlich mit dem edlen und redlichen Freunde des Verstorbenen, Herrn von Buchholtz, unternehmen können? Auch fordert man mich auf, seine Biographie zu schreiben.» Tieck war es ehrlich darum zu tun, «von Friedrichs Schriften so viel zu retten, als irgend möglich ist». Immer wieder wandte er sich an die Witwe. Freilich machte er keinen Hehl daraus, daß ihm von Schlegels Schriften die «frühesten die liebsten sind und unter diesen ziehe ich die Geschichte der griechischen Poesie allen vor. Das waren schöne Zeiten, in denen der junge Enthusiast so scharf und groß diese Umrisse entwarf, und sie mit dieser Kraft und Eigentümlichkeit ausfüllte».

Der Bonner Philosoph C. J. H. Windischmann. Kupferstich

Aber Dorothea gab dem Bonner Philosophen C. H. J. Windischmann den Vorzug. Bei diesem Editor, einem guten Freund des späten Schlegel, fand freilich die katholische Periode besondere Aufmerksamkeit, und vor allem war Windischmann an der philosophischen Entwicklung Schlegels interessiert. Dorothea sandte einen großen Teil der philosophischen, theologischen und literarischen Hefte nach Bonn, und im Jahre 1836/37 veröffentlichte Windischmann unter dem Titel *Friedrich Schlegel's Philosophische Vorlesungen aus den Jahren 1804–1806. Nebst Fragmenten vorzüglich philosophisch-theologischen Inhalts* in zwei starken Bänden die philosophischen Vorlesungen, die Schlegel in Köln gehalten hatte. Er fügte eine Auswahl aus den verschiedenen Jahrgängen der handschriftlichen Fragmente hinzu und stellte bei entsprechendem Interesse weitere Editionen in Aussicht. Dies Interesse ist nicht ausgeblieben, denn im Jahre 1846 erschien eine zweite Auflage dieser Vorlesungen. Aber Windisch-

August Wilhelm Schlegel um 1835. Gemälde von A. Hohneck

mann war kurz nach der Publikation des zweiten Bandes gestorben. Nach seinem Tode ging ein Teil der ihm zur Verfügung gestellten Hefte an Dorothea zurück, nachdem bereits während des Transportes von Wien nach Bonn einige Stücke in Österreich, andere in Frankfurt verlorengegangen waren.

Überraschenderweise zeigte sich auch August Wilhelm Schlegel an der literarischen Hinterlassenschaft seines Bruders interessiert. Er ließ sich die 19 Hefte mit den poetischen und literarischen Fragmenten aushändigen. 1828/29 war nämlich der Briefwechsel zwischen Goethe und Schiller erschienen. Goethe selbst hatte ihn veröffentlicht, und August Wilhelm Schlegel war empört, daß die privaten Äußerungen der beiden über die Frühromantiker, namentlich die «Erbärmlichkeiten» Schillers, der Öffentlichkeit preisgegeben waren. In seiner verletzten Eitelkeit suchte er nach einem Gegenstoß, und da kamen ihm die unveröffentlichten Frühschriften des Bruders, in denen er ironische Fragmente über Schiller vermutete, sehr gelegen. «Friedrich wird doch die witzigen Einfälle aus seiner Jugendzeit, sofern sie bloß literarische Dinge betreffen, nicht verdammt haben? Warum sollte man sie also zugrunde gehen lassen? Ich erinnere mich unter anderm eines ungemein witzigen Briefes über die Xenien. Dieser wäre eine vortreffliche Erwiderung auf Schillers Feindseligkeiten» – so schrieb er am 27. Januar 1830 an Dorothea. Kurz vorher, am 15. Januar 1830, hatte er Tieck vorgeschlagen: «Was meinst Du überhaupt von einem neuen Abdruck von Friedrich Schlegels jugendlichen Schriften? Was er ausdrücklich verdammt hat, z. B. die Lucinde, einige anstößige und wirklich tolle Fragmente, muß freilich ungedruckt bleiben: aber es sind so viel andere schöne Sachen, um die es wirklich schade wäre. Aus der Sammlung seiner Schriften, wie sie jetzt ist, wird niemand erraten, daß er unendlich viel gesellschaftlichen Witz besaß. Auch habe ich eine Unzahl von Briefen, noch habe ich die Packete nicht geöffnet. Es ließen sich daraus vielleicht interessante Auszüge machen. Kurz, ich hätte Lust, dem früheren Friedrich gegen den späteren ein Denkmal zu setzen.»

Aber auch hieraus wurde nichts. August Wilhelm Schlegel benutzte die ihm überlassenen Hefte zur Belustigung seiner Tischgesellschaften, indem er einige kühne Gedanken seines Bruders aus dem Zusammenhang riß und sie dann als literarische Tollheiten zum besten gab. Windischmann schrieb damals verbittert an Dorothea: «Von den Fragmenten Friedrichs in seinen Tagebüchern hat er übrigens die unklarsten Vorstellungen, macht seine Scherze über die wenigen, die ich ihm mitgeteilt u.s.w., so daß ich keine Lust habe, ihm noch ferner ein Heft in die Hand zu geben. Das geht über seinen Horizont hinaus.» Schließlich hat August Wilhelm Schlegel die Manuskripte verschenkt, wobei er den größten Teil dem Bonner Theologen Braun überließ, in dessen Sammlung einige später von Josef Körner wiederentdeckt wurden.

Noch im Jahre 1861 studierte der junge Dilthey in Bonn Friedrich und August Wilhelm Schlegels Nachlaß, «der bei Windischmann, Böcking u. a. sich befindet». Angesichts dieser Texte erwachte in ihm der Plan, «eine Geschichte der romantischen Schule aus den ungedruckten Quellen» zu schreiben. Aber dieser große Historiker wandte sich Schleiermacher zu, und dann ließ das Interesse an Schlegels ungedruckten Papieren nach. Die bei Dorothea verbliebenen Hefte

Ernst Robert Curtius

waren inzwischen erheblich zusammengeschrumpft. Im Jahre 1878 hat eine Enkelin Dorotheas, Franziska von Longard, geborene Veit, den übriggebliebenen Teil der Manuskripte der Görresgesellschaft übergeben. Aber auch hier hatten die Handschriften zunächst kein glückliches Schicksal. Sie gerieten in Verschollenheit, und ihr Besitz wurde von der Görresgesellschaft noch um 1930, unter anderem in einer heftigen Polemik zwischen Heinrich Finke, dem damaligen Präsidenten der Görresgesellschaft, und Ernst Robert Curtius, bestritten.

Während sich die literarische Hinterlassenschaft Friedrich Schlegels zersplitterte, war auch sein literarischer und philosophischer Ruhm beträchtlich verblaßt. Einerseits hatte die unter dem Einfluß Hegels stehende Geistesgeschichtsschreibung die Angriffe des Meisters gegen den Ironiker des *Athenäums* systematisch fortgesetzt und das geistige Prestige des frühen Schlegel erheblich erschüttert; andererseits war aber auch in der katholischen Geisteswelt kein Platz mehr für Friedrich Schlegel, seit die katholische Theologie mit der Enzyklika Aeterni Patris vom 4. August 1879 streng auf neuscholastische Fundamente gestellt worden war, die Schlegels personalistische und neuzeitlich-historische Ausgangspunkte a limine ausschlossen. Katholische Denker wie Anton Günther und Jakob Frohschammer, die unter dem Einfluß Schlegels standen, waren schon vorher mit ihren kirchlichen Autoritäten in schärfste Schwierigkeiten geraten, die nach ihren Zeugnissen Zuständen geistiger Oppression gleichkamen.

Erst um 1870 hat sich ein neues Interesse an Schlegel bemerkbar gemacht, das sich ganz auf die frühe Lebensepoche, die Periode des *Athenäums* konzentrierte. Fast gleichzeitig veröffentlichten in diesem Jahr Wilhelm Dilthey das «Leben Schleiermachers» und Rudolf Haym die «Romantische Schule». Diesen Büchern folgten im Jahre 1882 Jakob Minors Edition von Schlegels *Prosaischen Jugendschriften* nach den Erstfassungen und im Jahre 1890 Oskar Walzels Ausgabe von *Friedrich Schlegels Briefen an seinen Bruder August Wil-*

helm. In jedem dieser vier Werke trat die überragende Stellung, die Friedrich Schlegel in der frühromantischen Schule eingenommen hatte, überzeugend in Erscheinung. Dilthey kam während der Beschäftigung mit den Materialien für seine Schleiermacher-Biographie zu der erstaunten Feststellung: «In diesen vertraulichsten Mitteilungen erscheint Fr. Schlegel ungleich edler, als in dem Bilde, das, freilich großenteils durch seine eigne Schuld, von ihm unsrer Generation überliefert ist. Schleiermachers Biograph wird die Aufgabe haben, von diesen rein persönlichen Beziehungen so viel anzudeuten, als die Sache erlaubt; sein Werk wird notwendig zugleich eine Darstellung und beinahe Rettung Fr. Schlegel's sein müssen.»

Wilhelm Dilthey

Aber trotz dieser bahnbrechenden Ausgaben und Bücher hat sich in Deutschland lange Zeit hindurch ein sehr feindseliges, oft recht kleinbürgerliche Züge tragendes Verhältnis zu Friedrich Schlegel aufrechterhalten, das eine unbefangene Beschäftigung mit dem widersprüchlichen Reichtum des hier vorliegenden Werkes immer wieder verhinderte. Während der große Spötter Heinrich Heine das, was er die «religiösen Privatmarotten» Schlegels nannte, zwar mit sarkastischer Ironie bedachte, sich darüber aber den Sinn für den Ideenreichtum dieses Denkers offenhielt, wurde in den akademischen Disziplinen Schlegels Spätwerk aus religiösen oder politischen Vorurteilen einfach ignoriert oder mit offenem Haß bedacht. Auch die Darstellungen seiner frühromantischen Ideenwelt, die in Deutschland erschienen, waren in scharfem Kontrast zu französischen Werken häufig von einer polemischen Voreingenommenheit gefärbt, die sich bis zu böswilligen Verleumdungen, ja gemeinen persönlichen Unterstellungen steigerte.

In gutgelauntem Humor hat Ernst Robert Curtius eine Zusammenstellung der verschiedenen Vorwürfe gemacht, die in kritischen und philosophischen Werken gegen Schlegel erhoben worden sind. «Erstens wird ihm vorgeworfen, daß er faul war», heißt es da,

Josef Körner

Alois Dempf

«zweitens war er frech, denn er hat die Faulheit noch literarisch verteidigt und ein Lob des Müßiggangs geschrieben. Dazu kommt, daß er Schillers Glocke komisch fand und das auch sagte und druckte. Weiter: Friedrich Schlegel war unmoralisch. Die Kombination von Faulheit und Frechheit würde das ja allein schon zur Genüge beweisen. Nun hat sich derselbe Verfasser aber auch noch erlaubt, einen Roman zu schreiben, der die Freuden der Liebe feiert. Das haben die Aufsichtsbehörden der deutschen Literatur sehr übel vermerkt. Aber es kommt noch schlimmer. Friedrich Schlegel war überhaupt ein Genießer. Er aß und trank gerne und brachte es dabei zu einer behäbigen Korpulenz. Auch dieses Faktum wird gegen ihn ausgebeutet. Andere Leute dürfen dick werden, ohne daß man sie deswegen noch posthum belästigt. Bei manchen Völkern gilt ein gewisses Embonpoint bekanntlich sogar als Zeichen der Heiligkeit. Auch vom heiligen Thomas wird Korpulenz berichtet. Daß aber Friedrich Schlegel zur Körperfülle neigte, wird allgemein als ‹Verfettung› bezeichnet, und der ungünstige Beiklang dieses Wortes soll andeuten, daß es sich nicht nur um einen körperlichen, sondern auch um einen seelischen Prozeß gehandelt habe. Höchst sonderbarerweise verbinden viele Kritiker mit diesem Vorwurf den anderen, daß Friedrich Schlegel mit vierunddreißig Jahren zusammen mit seiner Frau zum Katholizismus übertrat. Dieselben Leute, denen Schlegel zu unmoralisch und frech ist, sehen es nicht gerne, wenn er ehrfürchtig und fromm wird.» – Und Curtius kam zu dem Schluß, daß diese Vorwürfe deutlich die Sprache altmodischer deutscher Lehrerkonferenzen tragen, in denen mit «sittlicher Entrüstung» über zwar begabte, aber eigenwillige und ungezogene Schüler beraten wird.

Nachdem schon Heinrich Finke in einer bahnbrechenden Studie «Über Friedrich und Dorothea Schlegel» von 1918 eine neue Richtung der Schlegel-Forschung aufgewiesen hatte, wurde der entscheidende Durchbruch zu einem neuen Schlegel-Bild von dem Prager Literarhistoriker Josef Körner bewirkt. Wenn Schlegel heute wieder als eine zentrale Gestalt der neueren europäischen Kulturgeschichte verstanden wird, dann ist dies hauptsächlich Josef Körners Verdienst. «Erst hat die ‹liberale› Literarhistorie der Haym und Dilthey, der Minor und Walzel usw. den geistreichen, aber noch unfertigen und haltlosen Jüngling auf Kosten des reifen Mannes und Werkes maßlos überschätzt, das solidere Spätwerk aber aus purem Vorurteil gegen die darin vertretene katholische Weltanschauung schlechtweg ignoriert; dann hat eine ‹konfessionelle› Literaturwissenschaft umgekehrt gerade das Katholische an ihm präkonisiert und dadurch wiederum Absicht und Verdienst seiner Leistung verschattet», sagte Körner. Gegenüber diesen weltanschaulich präokkupierten Einstellungen zu Friedrich Schlegel hat sich Körner durch die wissenschaftliche Ergründung des Stoffes, besonders durch die Entdeckung wichtiger Teile des verschollenen Nachlasses, die Sammlung einer Fülle von verstreuten, zum Teil anonym erschienenen Schriften Schlegels und ferner durch wertvolle Erstеditionen aus den ungedruckten Quellen verdient gemacht und so den Boden für eine Gesamtauffassung Schlegels bereitet.

Nach dem Zweiten Weltkrieg wurden auch die rund 70 Hefte des Schlegel-Nachlasses wiedergefunden, die im Jahre 1878 der Görresgesellschaft übergeben worden waren. Diese bedeutende Entdeckung ist Alois Dempf zu danken, der nach Dilthey vor allem die kritischen Antriebe der Philosophie Schlegels für das heutige Denken fruchtbar gemacht hat. Auf Grund dieser neu entdeckten und wieder erschlossenen Schriften werden die Leistungen des Führers der romantischen Schule heute als erstaunlich gegenwartsnahe Erscheinungen gewürdigt. In Abwandlung eines bekannten Zitates von Hugo von Hofmannsthal sagte Ernst Robert Curtius über den Stand der deutschen Literaturkritik: «In Deutschland haben wir Friedrich Schlegel – und Anfänge». René Wellek nannte Friedrich Schlegel «einen der größten Kritiker der Geschichte», und Georg Lukács fand in ihm das Vorbild für seine Theorie des Romans. Die Bedeutung, die Schlegel für die romantische Schule selbst hatte, wurde am prononciertesten von

Alfred Schlagdenhauffen ausgedrückt, der sein Werk über die frühromantische Bewegung nicht mehr mit dem Heineschen und Haymschen Titel bezeichnete, sondern die Überschrift wählte: «Frédéric Schlegel et son groupe».

ZEITTAFEL

1772	Am 10. März als Sohn des Generalsuperintendenten Johann Adolf Schlegel und seiner Frau Johanna Christiane Erdmuthe (geb. Hübsch) in Hannover geboren
1788	Als Kaufmannslehrling beim Bankier Schlemm in Leipzig
1788–1789	Vorbereitung auf das akademische Studium in Hannover. Lektüre Platons
1790	Zusammen mit August Wilhelm Schlegel zum Studium der Rechtswissenschaften in Göttingen
1791	Fortsetzung des Studiums in Leipzig, Epoche der «Lesewut». Entschluß zum Beruf des kritischen Schriftstellers
1792	Im Januar Freundschaft mit Novalis, im Mai bei einem kurzen Besuch in Dresden ersten Zusammentreffen mit Schiller
1793	Begegnung mit Caroline im August
1794	Seit Januar in Dresden. Intensives privates Studium der griechischen Literatur- und Kulturgeschichte. *Von den Schulen der griechischen Poesie*
1795	Einladung Schillers an A. W. Schlegel, als Mitarbeiter der «Horen» nach Jena zu kommen
1796	Heirat A. W. Schlegels und Carolines am 1. Juli 1796, Niederlassung der beiden in Jena. Fr. Schlegel wird Mitarbeiter an J. Fr. Reichardts «Deutschland» und geht im Sommer nach Jena. Zerwürfnis mit Schiller, Bekanntschaft mit Goethe, Wiederbelebung der Freundschaft mit Novalis. *Über den Begriff des Republikanismus. Jakobi's Woldemar*
1797	*Die Griechen und Römer. Historische und kritische Versuche über das klassische Altertum* (Erscheinen des Studiumsaufsatzes). *Georg Forster. Über Lessing.* Seit Juli als Mitarbeiter an Reichardts «Lyceum» in Berlin. Bekanntschaft mit Ludwig Tieck (Oktober), mit Henriette Herz, Rahel Levin und Dorothea Veit (Spätsommer). Epoche der Freundschaft mit Schleiermacher
1798	Erscheinen des ersten Heftes des *Athenäums* im Mai. Vorübergehender Aufenthalt im Sommer in Dresden mit A. W. Schlegel, Caroline, Novalis, Fichte und Schelling
1799	Scheidung Dorotheas von Simon Veit im Januar. Erscheinen der *Lucinde* im Herbst. Übersiedlung nach Jena im September, wo der Kreis der Romantiker (A. W. und Fr. Schlegel, Caroline, Dorothea, Tieck, Novalis, Schelling) fast vollständig versammelt ist
1800	Habilitation an der Universität Jena. Kolleg *Über Transzendentalphilosophie* im Wintersemester. Erscheinen des letzten Heftes des *Athenäums* im August
1801	Novalis' Tod am 25. März. Übersiedlung nach Berlin im April. Enge Verbindung mit Rahel Levin. *Charakteristiken und Kritiken*

1802 Am 17. Januar Übersiedlung nach Dresden. Im Mai in Leipzig, Premiere des *Alarcos* am 29. Mai in Weimar. Eintreffen im Juli in Paris. Vorlesungen über deutsche Literatur und Philosophie

1803 Erscheinen des ersten Heftes der *Europa* im Februar. Seit November Vorlesungen über die Geschichte der europäischen Literatur

1804 Am 6. April Heirat mit Dorothea. Reise mit den Brüdern Boisserée durch Nordfrankreich und Belgien nach Köln. *Lessings Gedanken und Meinungen aus dessen Schriften zusammengestellt und erläutert.* Epoche der Kölner Vorlesungen. Von Anfang Oktober bis Mitte November bei Madame de Staël und August Wilhelm Schlegel auf Schloß Coppet am Genfer See

1805 Vorlesungen über Universalgeschichte und Propädeutik und Logik in Köln. Studien zur mittelalterlichen Philosophie und Geschichte. Erscheinen des letzten Heftes der *Europa*

1806 *Poetisches Taschenbuch für das Jahr 1806.* Seit November auf Madame de Staëls Schloß Acosta in der Normandie. Privatvorlesungen über *Philosophie transcendentale*

1807 Kölner Vorlesungen *Über deutsche Sprache und Literatur*

1808 *Über Sprache und Weisheit der Indier.* Konversion zur katholischen Kirche am 18. April. Aufbruch nach Wien über Weimar und Dresden im April

1809 29. März Anstellung als Hofsekretär bei der Wiener Armeehofkommission. Im Stabe des Erzherzogs Karl bei den Schlachten von Aspern und Wagram. Begründung der «Österreichischen Zeitung» am 24. Juni. Von Anfang August bis Dezember mit der Armee in Ungarn

1810 Vom 19. Februar bis zum 9. Mai Vorlesungen *Über die neuere Geschichte* in Wien. Begründung des «Österreichischen Beobachters» am 1. März

1811 Erscheinen der Vorlesungen *Über die neuere Geschichte.* Nähere Bekanntschaft mit Franz von Baader

1812 *Deutsches Museum. Eine Zeitschrift, herausgegeben von Friedrich Schlegel.* Vom 27. Februar bis zum 30. April Vorlesungen über die Geschichte der alten und neuen Literatur in Wien

1813 Seit April Ausarbeitung von politischen Denkschriften und Verfassungsentwürfen für den Deutschen Bund im Auftrage Metternichs

1814 Erscheinen der Vorlesungen über die *Geschichte der alten und neuen Literatur.* Anteilnahme am Wiener Kongreß mit Denkschriften und Zeitungsartikeln

1815 Verleihung des Christusordens durch den Papst. Ernennung zum k. k. Legationsrat durch Metternich. Seit November am Bundestag in Frankfurt

1816–1817 Journalistische und diplomatische Tätigkeiten am Frankfurter Bundestag

1818	Dorotheas Aufbruch nach Rom im April. Abberufung aus Frankfurt im September. Reise nach München. Besuch Jacobis und Schellings. Erstes Zusammentreffen mit dem Kronprinzen Ludwig von Bayern
1819	Vom Februar bis zum August in der Begleitung von Kaiser Franz und Metternich in Italien. Rückkehr mit Dorothea nach Wien
1820	Erscheinen des ersten Heftes der *Concordia* im Sommer. Erscheinen der ersten Bände der Gesamtausgabe. Entstehen der spätromantischen Schule in Gemeinschaft mit Adam Müller, Franz von Baader, Franz von Bucholtz und Zacharias Werner
1823	Erscheinen des letzten Heftes der *Concordia* im April
1825	Abbruch der ersten Gesamtausgabe mit dem 10. Band
1827	A. W. Schlegels «Berichtigung einiger Mißdeutungen» führen zum endgültigen Bruch zwischen den Brüdern Schlegel. Vom 25. März bis zum 31. Mai Vorlesungen über die Philosophie des Lebens in Wien
1828	Erscheinen der Vorlesungen über die *Philosophie des Lebens.* Vom 31. März bis zum 30. Mai Vorlesungen über die Philosophie der Geschichte in Wien. Erscheinen der Vorlesungen über die *Philosophie der Geschichte.* Seit Dezember in Dresden. Wiedersehen mit Tieck. Vorlesungen über die Philosophie der Sprache und des Wortes
1829	In der Nacht vom 11. zum 12. Januar Tod in Dresden

ZEUGNISSE

Rahel Levin

Das ist ein Kopf, in welchem Operationen geschehen.

1797

Friedrich Ernst Daniel Schleiermacher

Er ist ein junger Mann von 25 Jahren, von so ausgebreiteten Kenntnissen, daß man nicht leicht begreifen kann, wie es möglich ist, bei solcher Jugend so viel zu wissen, von einem originellen Geist, der hier wo es doch viel Geist und Talente gibt Alles sehr weit überragt.

1797

Friedrich Schiller

Was sagen Sie zu dem neuen Schlegelschen Athenäum, und besonders zu den Fragmenten? Mir macht diese naseweise, entscheidende, schneidende und einseitige Manier physisch wehe.

23. Juli 1798

Johann Wolfgang von Goethe

Das Schlegelsche Ingrediens in seiner ganzen Individualität scheint mir denn doch in der *Olla potrida* unsers deutschen Journalwesens nicht zu verachten. Diese allgemeine Nichtigkeit, Parteisucht fürs äußerst Mittelmäßige, diese Augendienerei, die Katzbuckelgebärden, diese Leerheit und Lahmheit in der die wenigen guten Produkte sich verlieren, hat an einem solchen Wespenneste, wie die Fragmente sind, einen fürchterlichen Gegner ... Bei allem was Ihnen daran mit Recht mißfällt kann man denn doch den Verfassern einen gewissen Ernst, eine gewisse Tiefe und von der andern Seite Liberalität nicht ableugnen. Ein Dutzend solcher Stücke wird zeigen wie reich und perfektibel sie sind.

25. Juli 1798

Novalis

Wenn irgend jemand zum Apostel in unsrer Zeit sich schickt, und geboren ist, so bist Du es. Du wirst der Paulus der neuen Religion sein, die überall anbricht – einer der Erstlinge des neuen Zeitalters – des *Religiösen.* Mit dieser Religion fängt eine neue Weltgeschichte an. Du verstehst die Geheimnisse der Zeit. – Auf Dich hat die Revolution gewirkt, was sie wirken sollte, oder Du bist vielmehr ein unsichtbares Glied der heiligen Revolution, die, ein Messias im Pluralis, auf Erden erschienen ist. Ein herrliches Gefühl belebt mich in dem Gedanken, daß Du mein Freund bist und an mich diese innersten Worte gerichtet hast. Ich weiß, daß wir in vielem *eins* sind, weil *eine* Hoffnung, *eine* Sehnsucht unser Leben und unser Tod ist.

1800

Georg Wilhelm Friedrich Hegel

... wogegen die gegenteilige, nämlich die Friedrich Schlegelsche Befreiung und Katholisierung unser aller, geradezu vor die Schweine gegangen ist und derselbe es für Glück wird anzusehen haben, wenn nur der Galgen von ihm befreit bleibt. Da Friedrich Schlegel hier viele seinesgleichen, arbeitslose und ausgehauste Lumpen hat, so hat dies Gesindel, vornehmlich die Straßenjungen, dem Pikette Ulanen, das hier hereinkam, ein brüderliches Vivat! entgegengebracht; der Lärm war groß, aber als leerer Schall in die Luft sogleich verhallt. – Der ganze Brast ist uns nun wohl ein für allemal vom Halse ...

1809

Madame de Staël

Friedrich Schlegel gehört zu den berühmten Männern Deutschlands, deren Geist besonders eigenwillig ist. Aber anstatt dieser Originalität, die ihm so viel Erfolg versprach, ohne weiteres zu trauen, suchte er sie auf umfassende Studien zu gründen; und es ist stets ein großer Beweis von Achtung für die Menschheit, wenn man nie zu ihr redet, wie das eigene Selbst es eingibt, ohne sich gewissenhaft über alles unterrichtet zu haben, was unsere Vorgänger uns als Erbschaft hinterließen.

1814

August Wilhelm Schlegel

Friedrich Schlegel und Hegel

Schlegel predigt gegen Hegel,
für den Teufel schieb' er Kegel.

Hegel spottet über Schlegel
Sagt, er schwatzt' ohn' alle Regel.

Schlegel spannt der Mystik Segel;
Hegel faßt der Logik Flegel.

Kommt, ihr Deutschen, Kind und Kegel,
Von der Saar bis an den Pregel!

Schaut, wie Schlegel kämpft mit Hegel!
Schaut, wie Hegel kämpft mit Schlegel!

1827

Heinrich Heine

Wie stark sich auch in der letzteren Zeit, aus kleinlich protestantischen Gründen, manche absprechende Stimmen gegen Friedrich Schlegel erhoben haben, so war doch noch keiner im Stande, sich beurteilend über den großen Beurteiler zu erheben ... Die religiösen Privatmarotten, die Schlegels spätere Schriften durchkreuzen, und für die er allein zu schreiben wähnte, bilden doch nur das Zufällige, und namentlich in den Vorlesungen über Literatur ist, viel mehr als er selbst es weiß, die Idee der Kunst noch immer der herrschende Mittelpunkt, der mit seinen goldenen Radien das ganze Buch umspinnt.

1828

Thomas Carlyle

Über Friedrich Schlegel selbst, seinen Charakter und geistigen Entwicklungsgang, können wir kein gründliches oder abschließendes Urteil vorbringen, jedoch genug, um ihn uns mit Bewunderung und Anteilnahme sehen zu lassen und keineswegs mit hartem, geringschätzigem Tadel. Auf Grund deutlichster Überzeugung müssen wir sagen, daß der Entrüstungsschrei, er sei ein «Renegat» und so weiter, nicht mehr darstellt als andere Entrüstungsschreie dieser Art, nämlich eine Verurteilung, bei der es weder ein Gericht noch einen

Richter gegeben hat ... Wir wollen das unverletzliche Geheimnis der Person respektieren und nicht unehrbietig in das Heiligste des Menschen vordringen ... Ein Gefühl feierlicher Trauer erfüllt uns, wenn wir sehen, daß das letzte Werk Friedrich Schlegels, dieses unermüdlichen Suchers, plötzlich in der Mitte mit einem *Aber* – abbricht – als hätte er alles das noch nicht gefunden, was dies Wort andeutet. Dies war das letzte Wort, das aus der Feder Friedrich Schlegels kam.

1831

Karl August Varnhagen von Ense

Das Wesen dieses Mannes, die Grundtriebe in ihm, die Art seiner Fähigkeiten, das Verdienst und der Ertrag seines ganzen Wirkens, haben noch keinen Darsteller gefunden, wie er selbst einer für andre sein konnte, und zum Teil gewesen ist. Nicht jeder darf sich daran wagen. Es gehört Mut, feste Besonnenheit, tiefes Studium und reicher Sinn, vor allem aber die freieste Übersicht dazu, um sich in dieser aus Widersprüchen, Verwicklungen, Seltsamkeiten, Verstecknissen und Unregelmäßigkeiten aller Art zusammengesetzten Natur zurechtzufinden, wo Gespenster, Dämonen und Genien durcheinanderschwirren, die Lucinde und Karl der Große, Alarcos, Maria, Platon, Spinoza und Bonald, Anbetung und Verdammnis Goethes, Revolution und Hierarchie, in größter Abwechslung sich begegnen, und, was das Merkwürdigste ist, sich gegenseitig bestehen lassen! Denn Schlegel, bei aller seiner Proteus-Wandelbarkeit, hat niemals eine seiner eignen Gestalten verworfen, sondern bis zuletzt für jede eine gewisse Berechtigung behauptet, und insofern mit allem Grunde, als in seinem Geiste wirklich ein lebendiger Zusammenhang alles dieses Mannigfaltigen war. Diesen Zusammenhang nachzuweisen, die Verknüpfung und Übergänge anzudeuten, den Schein überall wegzuheben, um das Wesen sehen zu lassen, das wäre nun eben die Aufgabe!

1836

Henrik Steffens

Er war in jeder Rücksicht ein merkwürdiger Mann, schlank gebaut, seine Gesichtszüge regelmäßig schön und im höchsten Grade geistreich. Er hatte in seinem Äußeren etwas Ruhiges, fast Phlegmatisches. Es gab nicht leicht einen Menschen der so anregend durch seine Persönlichkeit zu wirken vermochte. Er faßte einen jeden Gegenstand der ihm mitgeteilt wurde auf eine tiefe und bedeutende Weise auf. Sein Witz war unerschöpflich und treffend.

1841

Joseph von Eichendorff

Jede bedeutende geistige Richtung hat ihre hervorragenden führenden Charaktere; ein solcher war Friedrich Schlegel für die Romantik. Wie einst Lessing, stellte er sich kühn auf jene Höhe der modernen Bildung, die über Vergangenes und Zukünftiges freie Umschau eröffnet, mit staunenswerter Vielseitigkeit Philosophie und Poesie, Geschichte und Kunst, das klassische Altertum, wie das Mittelalter und den Orient durchforschend. Auch darin ist er Lessing vergleichbar, daß er, wie Jener, die skeptische Richtung seiner Zeit, so den geistigen Prozeß der Romantik in ungestümer Konsequenz *zu dem* Zielpunkt mit sich fortriß, wo die Sache spruchreif und eine Entscheidung unumgänglich wird; und zwar wiederum wie Lessing, nicht als literarisches Kunststück zur eignen Verherrlichung, sondern aus tiefer Sehnsucht nach der höhern Wahrheit, d. i. nach Versöhnung von Glauben und Wissen in der Religion, oder wie er selbst es schärfer faßt: nach der Einheit der Wissenschaft und der Liebe.

1846

Wilhelm Dilthey

Friedrich Schlegels Unternehmen eine begründende Theorie für das Studium der geistigen Erscheinungen aufzustellen schließt sich an die Wissenschaftslehre. Und zwar bemerkt er sogleich, daß dieser noch die Evidenz fehle; aber er geht nicht auf Kants analytisches Verfahren zurück, sondern die Reformen welche er vorschlägt entspringen aus seinem Standpunkt der genialen Anschauung. In der Totalität, in dem vollendeten inneren Zusammenhang eines Systems nach der Analogie des Kunstwerks erblickt er den positiven Nachweis seiner Wahrheit. Das historische Element, eine allgemeine Theorie der richtigen Standpunkte, eine Widerlegung der streitenden Meinungen, welche den negativen Beweis enthielte, will er, auch hierin Hegels Vorgänger, in diese Grundwissenschaft der Logik eingeführt sehen. Dann sollen von ihr aus die Bildungsgesetze der verschiedenen Gestalten der geistigen Welt, ihre Epochen, ihr Zusammenwirken entwickelt werden.

1870

Ernst Robert Curtius

Wir haben an Friedrich Schlegel viel gutzumachen, denn kein großer Autor unserer Blütezeit ist so mißverstanden, ja so böswillig verleumdet worden, schon zu seinen Lebzeiten, aber merkwürdigerweise auch noch lange darüber hinaus, ja, eigentlich bis auf die unmittelbare Gegenwart.

1932

BIBLIOGRAPHIE

1. Bibliographien und Forschungsberichte

Bibliographisches Repertorium, Band I: Zeitschriften der Romantik. In Verbindung mit O. F. WALZEL herausgegeben von H. H. HOUBEN. Berlin 1904. S. 2 f, 27 f, 355 f

FINKE, HEINRICH: Über Friedrich und Dorothea Schlegel. Köln 1918

KÖRNER, JOSEF: Bibliographisches Handbuch des deutschen Schrifttums. 3. Aufl. Bern 1949. S. 312 f

BEHLER, ERNST: Der Stand der Friedrich Schlegel Forschung. In: Jahrbuch der Deutschen Schillergesellschaft I/1957. S. 253 f

2. Gesamtausgaben

Friedrich Schlegels sämtliche Werke. 10 Bde. Wien 1822–1825

Friedrich von Schlegels sämtliche Werke. 15 Bde. Zweite Originalausgabe. Wien 1846

Friedrich Schlegels philosophische Vorlesungen aus den Jahren 1804–1806. Nebst Fragmenten vorzüglich philosophisch-theologischen Inhalts. Hg. von C. H. J. WINDISCHMANN. 2 Bde. Bonn 1836–1837 [In der zweiten Auflage von 1846 als «Supplemente zu Friedrich von Schlegels sämtlichen Werken» bezeichnet.]

Friedrich Schlegel. 1794–1802. Seine prosaischen Jugendschriften. Hg. von JAKOB MINOR. Wien 1882 [Blieb auf zwei Bände beschränkt.]

Kritische Friedrich Schlegel Ausgabe. 22 Bde. Hg. von ERNST BEHLER unter Mitwirkung von JEAN-JACQUES ANSTETT und HANS EICHNER. Paderborn–Darmstadt–Zürich 1958 f

Erste Abteilung: Kritische Neuausgabe

Bd. 1: Zur griechischen Literaturgeschichte [Noch nicht erschienen.]

2: Charakteristiken und Kritiken I (1796–1802) [Steht kurz vor dem Erscheinen.]

3: Charakteristiken und Kritiken II (1803–1820) [Noch nicht erschienen.]

4: Ansichten und Ideen von der christlichen Kunst. 1959

5: Dichtungen. 1962

6: Geschichte der alten und neuen Literatur. 1961

7: Studien zur Geschichte und Politik. 1966

8: Studien zur Philosophie und Theologie [Noch nicht erschienen.]

9: Philosophie der Geschichte [Noch nicht erschienen.]

10: Philosophie des Lebens / Philosophie der Sprache und des Wortes [Noch nicht erschienen.]

Zweite Abteilung: Schriften aus dem Nachlaß

Bd. 11: Wissenschaft der europäischen Literatur. 1958

12: Philosophische Vorlesungen I. 1964

Epikur hat die menschlichen Bedürfnisse in drei Klassen geteilt . . .

. . . erstlich: die natürlichen und notwendigen; zweitens: die natürlichen, jedoch nicht notwendigen; und drittens: die weder natürlichen noch notwendigen. – So gibt Schopenhauer – «etwas zurechtgebogen und ausgefeilt» – den Glückseligkeitslehrer wieder. Und er fährt fort:

«Die Grenze unserer vernünftigen Wünsche hinsichtlich des Besitzes zu bestimmen, ist schwierig, wo nicht unmöglich. Denn die Zufriedenheit eines jeden, in dieser Hinsicht, beruht nicht auf einer absoluten, sondern auf einer bloß relativen Größe, nämlich auf dem Verhältnis zwischen seinen Ansprüchen und seinem Besitz . . . – Ich glaube keineswegs, etwas meiner Feder Unwürdiges zu tun, indem ich hier die Sorge für die Erhaltung des erworbenen und des ererbten Vermögens anempfehle.»

13: Philosophische Vorlesungen II. 1964
14: Vorlesungen über Universalgeschichte. 1959
15: Vorlesungen und Fragmente zur Literatur [Noch nicht erschienen.]
16: Fragmente zur Poesie und Literatur I [Noch nicht erschienen.]
17: Fragmente zur Poesie und Literatur II [Noch nicht erschienen.]
18: Philosophische Lehrjahre I. 1963
19: Philosophische Lehrjahre II [Steht kurz vor dem Erscheinen.]
20: Fragmente zur Geschichte und Politik I [Noch nicht erschienen.]
21: Fragmente zur Geschichte und Politik II [Noch nicht erschienen.]
22: Fragmente zur Geschichte und Politik III [Noch nicht erschienen.]

3. Einzelne Werke

Die Griechen und Römer. Historische und kritische Versuche über das klassische Altertum. Erster Band. Neustrelitz 1797

Geschichte der Poesie der Griechen und Römer. Ersten Bandes erste Abteilung. Berlin 1798

Lucinde. Ein Roman. Erster Teil. Berlin 1799

Charakteristiken und Kritiken. Von August Wilhelm und Friedrich Schlegel. 2 Bde. Königsberg 1801

Alarcos. Ein Trauerspiel in zwei Aufzügen. Berlin 1802

Lessings Gedanken und Meinungen aus dessen Schriften zusammengestellt und erläutert. 3 Bde. Leipzig 1804 (2. Aufl., Leipzig 1810, u. d. T.: Lessings Geist aus seinen Schriften)

Poetisches Taschenbuch für das Jahr 1806. Berlin 1806

Über die Sprache und Weisheit der Indier. Heidelberg 1808

Friedrich Schlegels Gedichte. Berlin 1809

Über die neuere Geschichte. Vorlesungen gehalten zu Wien im Jahre 1810. Wien 1811

Friedrich Schlegels Geschichte der alten und neuen Literatur. Vorlesungen zu Wien im Jahre 1812. Wien 1814

Philosophie des Lebens. In 15 Vorlesungen gehalten zu Wien im Jahre 1827. Wien 1828

Philosophie der Geschichte. Vorlesungen gehalten zu Wien. Wien 1828

Philosophische Vorlesungen insbesondere über Philosophie der Sprache und des Wortes. Wien 1830

4. Von Friedrich Schlegel herausgegebene Zeitschriften und Zeitungen

Athenäum. Eine Zeitschrift von August Wilhelm Schlegel und Friedrich Schlegel. 3 Bde. Berlin 1798–1800 – Neu hg. von Fritz Baader. Berlin 1905 – Mit einem Nachwort zur Neuausgabe von Ernst Behler. Stuttgart–Darmstadt 1960

Europa. Eine Zeitschrift. Hg. von Friedrich Schlegel. 2 Bde. Frankfurt 1803–1805 – Mit einem Nachwort zur Neuausgabe von Ernst Behler. Stuttgart–Darmstadt 1963
Österreichische Zeitung. 24. Juni – 16. Dezember 1809
Der österreichische Beobachter. Wien, 2. März 1810 – Dezember 1810
Deutsches Museum. Hg. von Friedrich Schlegel. 3 Bde. Wien 1812–1813
Concordia. Eine Zeitschrift, hg. von Friedrich Schlegel. 6 Hefte. Wien 1820–1823 – Mit einem Nachwort zur Neuausgabe von Ernst Behler. Stuttgart–Darmstadt 1966

5. Ausgaben, Übersetzungen und Vorworte

Florentin. Ein Roman. Hg. von Friedrich Schlegel [Verfasser: Dorothea Schlegel]. Lübeck–Leipzig 1801
Geschichte der Jungfrau von Orleans. Aus altfranzösischen Quellen. Hg. von Friedrich Schlegel [Bearbeiter: Dorothea Schlegel]. Berlin 1802
Geschichte der Margareta von Valois, Gemahlin Heinrichs IV. Von ihr selbst beschrieben. Nebst Zusätzen und Ergänzungen aus französischen Quellen von Friedrich Schlegel [Bearbeiter: Dorothea Schlegel]. Leipzig 1803
Sammlung romantischer Dichtungen des Mittelalters. Aus gedruckten und handschriftlichen Quellen. 2 Bde. Hg. von Friedrich Schlegel. Erster Band: Geschichte des Zauberers Merlin [Bearbeiter: Dorothea Schlegel]. Leipzig 1804 – Zweiter Band: Geschichte der schönen und tugendsamen Euryanthe [Bearbeiter: Helmina von Chézy]. Leipzig 1804
Lothar und Maller. Eine Rittergeschichte aus einer ungedruckten Handschrift. Hg. und bearbeitet von Friedrich Schlegel [Bearbeiter: Dorothea Schlegel]. Frankfurt 1805
Germaine de Staël-Holstein: Corinna. Ein Roman. 4 Bde. Aus dem Französischen übersetzt von Friedrich Schlegel [Übersetzer: Dorothea Schlegel]. Berlin 1807–1808
H. J. Schmitt: Harmonie der morgenländischen und abendländischen Kirchen. Mit einem Vorwort von Friedrich Schlegel. Wien 1822
Poetische Betrachtungen in freien Stunden von Jacob Nicolaus Craigher. Mit einer Vorrede und einem einleitenden Gedichte begleitet von Friedrich von Schlegel. Wien 1828

6. Jahrgänge der Zeitschriften und Zeitungen, an denen Fr. Schlegel mitwirkte

Berlinische Monatsschrift. Hg. von Biester. 1794 und 1795
Leipziger Monatsschrift für Damen. 1794
Der neue Teutsche Merkur. Hg. von C. M. Wieland. 1795
Philosophisches Journal einer Gesellschaft Teutscher Gelehrten. Hg. von Friedrich Immanuel Niethammer und Johann Gottlieb Fichte. 1795 und 1797

Deutschland. Hg. von Johann Friedrich Reichardt. 1796

Attisches Museum. Hg. von C. M. Wieland. 1797

Allgemeine Literatur-Zeitung (Jena). 1797

Lyceum der schönen Künste. Hg. von Johann Friedrich Reichardt. 1797

Poetisches Journal. Hg. von Ludwig Tieck. 1800

Oster-Taschenbuch von Weimar auf das Jahr 1801. Hg. von Leo Freiherrn von Seckendorff. Weimar 1801

Kronos. Ein Archiv der Zeit. Hg. von Friedrich Rambach. Berlin 1801

Musenalmanach für das Jahr 1802. Hg. von August Wilhelm Schlegel und Ludwig Tieck. Tübingen 1802

Musenalmanach für das Jahr 1802. Hg. von Bernhard Vermehren. Leipzig 1802

Musenalmanach für das Jahr 1803. Hg. von Bernhard Vermehren. Zweiter Jahrgang. Jena 1803

Dichter-Garten. Erster Gang. Hg. von Rostorf. Würzburg 1807

Morgenblatt für gebildete Stände (Cotta). Tübingen 1807 und 1808

Musenalmanach für das Jahr 1807. Hg. von Leo Freiherrn von Seckendorff. Regensburg 1807

Prometheus. Eine Zeitschrift. Hg. von Leo von Seckendorff und Josef Ludwig Stoll. Wien 1808

Zeitschrift für Wissenschaft und Kunst. Hg. von Friedrich Ast. Landshut 1808

Zeitung für Einsiedler. Hg. von Achim von Arnim. Heidelberg 1808

Heidelbergische Jahrbücher der Literatur. Heidelberg 1808

Vaterländische Blätter für den österreichischen Kaiserstaat. Hg. von J. M. Armbruster. Wien 1808

Taschenbuch für Damen auf das Jahr 1809. Tübingen 1809

Vaterländisches Museum. Hg. von Josef Freiherrn von Hormayr. Hamburg 1810

Österreichischer Beobachter. 1810, 1811, 1815, 1816, 1819

Archiv für Geographie, Historie, Staats- und Kriegskunde. Hg. von Josef Freiherrn von Hormayr. 1811

Die Musen. Eine norddeutsche Zeitschrift. Hg. von Friedrich Baron de la Motte Fouqué und Wilhelm Neumann. Berlin 1813

Wiener Allgemeine Literatur Zeitung. 1813

Hamburgischer unpartheyischer Correspondent. 1814, 1815, 1816, 1817, 1818

Friedensblätter. Eine Zeitschrift für Leben, Literatur und Kunst. Wien 1815

Frankfurter Ober-Postamts-Zeitung. 1815

Aglaja. Ein Taschenbuch. Wien 1816 und 1821

Allgemeine Zeitung (Augsburg). 1816, 1817, 1818, 1819

Deutsche Staatsanzeigen. Hg. von Adam Müller. Leipzig 1817

Ölzweige. Wien 1819 und 1820

Jahrbücher der Literatur. Wien 1819 und 1822

Conversationsblatt. 1820

Eos. Münchener Blätter für Poesie, Literatur und Kunst. 1828

Der Katholik. 1828

Neues Archiv für Geschichte, Staatenkunde, Literatur und Kunst. 1829

Musenalmanach für das Jahr 1830. Hg. von Amadeus Wendt. Leipzig 1830

7. *Editionen aus dem Nachlaß*

August Wilhelm und Friedrich Schlegel. In Auswahl hg. von OSKAR WALZEL. Stuttgart 1892

Friedrich Schlegels «Philosophie der Philologie». Mit einer Einleitung hg. von JOSEF KÖRNER. In: Logos XVII, S. 1 f

Friedrich Schlegel. Neue philosophische Schriften. Hg. von JOSEF KÖRNER. Frankfurt a. M. 1935

Friedrich Schlegel. Cours d'histoire universelle. Première édition par JEAN-JACQUES ANSTETT. Trevoux 1939

Friedrich Schlegel. Literary Note-Books. Edited by HANS EICHNER. London 1957

8. *Neuausgaben*

Friedrich Schlegel. Anfangspunkte christlichen Nachdenkens. Neu hg. von H. L. HELD. München–Leipzig 1917

Friedrich Schlegel. Signatur des Zeitalters. Neu hg. von W. E. THORMANN. Mainz 1920 – 2. Aufl. u. d. T.: Prophetische Romantik. 1924

Friedrich Schlegel. Von der Seele. Mit einer Einführung hg. von GÜNTHER MÜLLER. Augsburg–Köln 1927

Friedrich Schlegel. Frammenti critici e scritti di estetica. Hg. von VITTORIO SANTOLI. Florenz 1937

Friedrich Schlegel. Vom romantischen Geist. Hg. von RENATE RIEMECK. Augsburg 1946

Friedrich Schlegel. Über das Studium der griechischen Poesie. Hg. von PAUL HANKAMER. Bad Godesberg 1947

Friedrich Schlegel. Schriften und Fragmente. Hg. von ERNST BEHLER. Stuttgart 1956

Friedrich Schlegel. Kritische Schriften. Hg. von WOLFDIETER RASCH. München 1956

Friedrich Schlegel: Lucinde. Mit einem Nachwort von KARL KONRAD POLHEIM. Stuttgart 1962 – Frankfurt a. M. 1964

9. *Briefausgaben*

Aus Schleiermachers Leben. In Briefen. Hg. von L. JONAS und W. DILTHEY. 3 Bde. Berlin 1858–1863

Dorothea von Schlegel und deren Söhne. Briefwechsel. Hg. von J. M. RAICH. 2 Bde. Mainz 1881

Friedrich Schlegels Briefe an seinen Bruder August Wilhelm. Hg. von O. F. WALZEL. Berlin 1890

Friedrich Schlegels Briefe an Frau Christine von Stransky. 2 Bde. Hg. von MARTIN ROTTMANNER. Wien 1907 und 1911

Caroline. Briefe aus der Frühromantik. Nach G. Waitz vermehrt von E. Schmidt. Leipzig 1913

Briefe von Dorothea und Friedrich Schlegel an die Familie Paulus. Hg. von RUDOLF UNGER. In: Deutsche Literaturdenkmale. Bd. 146. 1913
Briefe an Friedrich Schlegel. Hg. von HEINRICH FINKE. Köln 1917
Der Briefwechsel Friedrich und Dorothea Schlegels 1818–1820. Hg. von HEINRICH FINKE. München 1923
Briefe von und an Friedrich und Dorothea Schlegel. Gesammelt und eingeleitet durch JOSEF KÖRNER. Berlin 1926
August Wilhelm und Friedrich Schlegel im Briefwechsel mit Goethe und Schiller. Hg. von JOSEF KÖRNER und ERNST WIENEKE. Leipzig o. J.
Ludwig Tieck und die Brüder Schlegel. Hg. von HENRI LÜDEKE. Frankfurt a. M. 1930
Der Briefwechsel zwischen Friedrich Schlegel und Novalis. Hg. von MAX PREITZ. Darmstadt 1956
Krisenjahre der Frühromantik. Briefe aus dem Schlegelkreis. 3 Bde. Hg. von JOSEF KÖRNER. Brünn–Wien–Leipzig 1936 – Neuausg. Bern 1958

10. Biographische Darstellungen

Zeitgenossen. Biographien und Charakteristiken. Bd. I. Leipzig und Altenburg 1816. 4. Abt. S. 179 f [Der Verfasser ist der Bruder Karl Schlegel.]
BUCHOLTZ, FRANZ VON: Zur Erinnerung an Friedrich von Schlegel. In: Hormayrs Neues Archiv für Geschichte, Staatenkunde, Literatur und Kunst. Erster Jahrgang (XX. als Fortsetzung) 1829, Nr. 21 und 22, S. 161 f
BÖTTIGER, CARL AUGUST: Friedrich von Schlegel. In: Beilage zur Allgemeinen Zeitung 1829, Nr. 25, 26 und 27
GÖRRES, JOSEPH VON: Über das Recht der Todten. In: Eos. Münchener Blätter für Poesie, Literatur und Kunst, 18. Februar 1829
Charles-Guillaume-Frédéric Schlegel. In: Nouvelle Biographie générale. Bd. 43. Sp. 539 f [Der Verfasser ist der von August Wilhelm Schlegel inspirierte Rat des königl. Gerichtshofes in Kolmar, Golbéry.]
CHÉZY, HELMINA VON: Überlieferungen und Umrisse aus Napoleons Tagen: Friedrich und Dorothea von Schlegel. In: Der Freihafen 1840, 3. Jg., 3. Heft, S. 157 f, 4. Heft, S. 47 f
Tübinger theologische Quartalschrift 1832, S. 650 f [Der Verfasser ist der Theologe Staudenmeier.]
MUNCKER, FRANZ: Karl Wilhelm Friedrich Schlegel. In: Allgemeine deutsche Biographie. Bd. 33, S. 737 f
FEUCHTERSLEBEN, E. F. VON: Friedrich Schlegels Biographie. In: Friedrich von Schlegels sämtliche Werke. Wien 1846. Bd. 15. S. 263 f
Zeitschrift für Philosophie und katholische Theologie, Bd. 83 (1852), S. 210 f [Der Verfasser ist der Bonner Theologe J. W. J. Braun.]
BRÜHL, J. A. MORITZ: Geschichte der katholischen Literatur Deutschlands vom 17. Jahrhundert bis zur Gegenwart. Leipzig 1854. S. 175 f
Sulpiz Boisserée. Hg. von MATHILDE BOISSERÉE. Stuttgart 1862. Bd. I. S. 23 f
DILTHEY, WILHELM: Leben Schleiermachers. Berlin 1870. S. 205 f
WALZEL, OSKAR: August Wilhelm und Friedrich Schlegel. In: Deutsche Nationalliteratur. Hg. von JOSEPH KÜRSCHNER. Stuttgart 1892. Bd. 143. S. 1 f

ROUGE, J.: Frédéric Schlegel et la genèse du romantisme allemand. Paris 1904
ENDERS, CARL: Friedrich Schlegel. Die Quellen seines Wesens und Werdens. Leipzig 1913
BEHLER, ERNST: Friedrich Schlegel im Portrait. In: Zeitschrift für Kunstwissenschaft, Bd. XIII (1959), S. 91 f

11. *Gesamtdarstellungen*

IMLE, FANNY: Friedrich von Schlegels religiöse Entwicklung von Kant zum Katholizismus. Paderborn 1927
KÖRNER, JOSEF: Friedrich Schlegels philosophische Lehrjahre. In: Friedrich Schlegels Neue philosophische Schriften. Frankfurt a. M. 1935. S. 3 f
WIRZ, LUDWIG: Friedrich Schlegels philosophische Entwicklung. Bonn 1939
ANSTETT, JEAN-JACQUES: La pensée religieuse de Friedrich Schlegel. Paris 1942
DEMPF, ALOIS: Der frühe und der späte Friedrich Schlegel. In: Weltordnung und Heilsgeschehen. Einsiedeln 1958. S. 79 f

12. *Monographien*

ROUGE, J.: Erläuterungen zu Friedrich Schlegels Lucinde. Lausanne 1904
LEDERBOGEN, F.: Friedrich Schlegels Geschichtsphilosophie. Leipzig 1908
BLEYER, JAKOB: Friedrich Schlegel am Bundestage in Frankfurt. Leipzig–München 1913
VOLPERS, RICHARD: Friedrich Schlegel als politischer Denker und deutscher Patriot. Naumburg 1917
LEWALTER, ERNST: Friedrich Schlegel und sein romantischer Witz. München 1917 [Diss.]
WIESE, BENNO VON: Friedrich Schlegel. Ein Beitrag zur Geschichte der romantischen Konversionen. 1927
DENNISELLE, ANNELIES: Friedrich Schlegel als romantischer Theoretiker und die Antike. Jena 1930 [Diss.]
FOLWARTSCHNY, H.: Friedrich Schlegels Verhältnis zur Philosophie. Breslau 1930 [Diss.]
MANN, OTTO: Der junge Friedrich Schlegel. 1932
GRÖBEN, MARGARET: Friedrich Schlegels Entwicklung als Literarhistoriker und Kritiker. Essen 1934
SCHLAGDENHAUFFEN, ALFRED: Frédéric Schlegel et son groupe. La doctrine de l'Athenaeum. Paris 1934
BUSCH, PAUL: Friedrich Schlegel und das Judentum. München 1939 [Diss.]
METTLER, WERNER: Friedrich Schlegel und die griechische Literatur. Zürich 1955
NÜSSE, HEINRICH: Die Sprachtheorie Friedrich Schlegels. Heidelberg 1962
HENDRIX, GERD PETER: Das politische Weltbild Friedrich Schlegels. Bonn 1962

Oppenberg, Ursula: Quellenstudien zu Friedrich Schlegels Übersetzungen aus dem Sanskrit. Marburg 1965
Polheim, Karl Konrad: Die Arabeske. Ansichten und Ideen aus Friedrich Schlegels Poetik. Paderborn 1966

13. Sammelwerke

Haym, Rudolf: Die romantische Schule. 1870
Werner, Karl: Geschichte der katholischen Theologie. München–Leipzig 1889
Werner, Karl: Geschichte der neuzeitlichen christlich-kirchlichen Apologetik. Bd. 5. Schaffhausen 1867
Joachimi-Dege, Maria: Die Weltanschauung der deutschen Romantik. Jena–Leipzig 1905
Kircher, Erwin: Die Philosophie der Romantik. Jena 1906
Strich, Fritz: Die Mythologie in der deutschen Literatur von Klopstock bis Wagner. 2 Bde. 1910
Walzel, Oskar: Deutsche Romantik. 2 Bde. Leipzig 1918 (4. Aufl.)
Schmitt-Dorotic, Carl: Politische Romantik. München–Leipzig 1919
Thalmann, Marianne: Der Trivialroman des 18. Jahrhunderts und der romantische Roman. Berlin 1923
Hartmann, Nikolai: Die Philosophie des deutschen Idealismus. 2 Bde. Berlin 1923–1929
Körner, Josef: Romantiker und Klassiker. Berlin 1924
Baxa, Jakob: Gesellschaft und Staat im Spiegel der deutschen Romantik. Jena 1924
Baxa, Jakob: Einführung in die romantische Staatswissenschaft. Jena 1931 (2. Aufl.)
Huch, Ricarda: Blütezeit der Romantik. Leipzig 1924 (13. und 14. Aufl.)
Kluckhohn, Paul: Persönlichkeit und Gemeinschaft. Studien zur Staatsauffassung der deutschen Romantik. Halle 1925
Kluckhohn, Paul: Die Auffassung der Liebe in der Literatur des 18. Jahrhunderts und in der deutschen Romantik. Halle 1931 (2. Aufl.)
Brinkmann, Hennig: Die Idee des Lebens in der deutschen Romantik. Augsburg–Köln 1926
Meinecke, Friedrich: Weltbürgertum und Nationalstaat. München–Berlin 1928 (7. Aufl.)
Willoughby, Leonard Ashley: The Romantic Movement in Germany. Oxford 1930
Gundolf, Friedrich: Romantiker. 2 Bde. Berlin 1930–1931
Béguin, Albert: L'Âme romantique et le rève. Marseille 1936
Benz, Richard: Die deutsche Romantik. 1937
Le romantisme allemand. Sonderheft der Cahiers du Sud, 1937
Bäumler, Alfred: Von Winckelmann zu Bachofen. In: Studien zur deutschen Geistesgeschichte 1937
Walzel, Oskar: Grenzen von Poesie und Unpoesie. Frankfurt a. M. 1937
Walzel, Oskar: Romantisches. Bonn 1934

KORFF, H. A.: Geist der Goethezeit. Bd. 3. Leipzig 1940 – 6. Aufl. 1964
KLUCKHOHN, PAUL: Das Ideengut der deutschen Romantik. Tübingen 1941 – 4. Aufl. 1961
SOMMERFELD, SUSANNE: Indienschau und Indiendeutung romantischer Philosophen. 1943
GEISSENDÖRFER, THEODOR: Die Ästhetik der deutschen Frühromantik. Urbana (Illinois) 1946
BORCHERDT, HANS HEINRICH: Schiller und die Romantiker. Stuttgart 1948
STRICH, FRITZ: Deutsche Klassik und Romantik. Bern 1962 (5. Aufl.)
SCHULTZ, FRANZ: Klassik und Romantik der Deutschen. Stuttgart 1952 (2. Aufl.)
WELLEK, RENÉ: A History of Modern Criticism II: The Romantic Age. New Haven 1955
WILLSON, A. LESLIE: A Mythical Image: The Ideal of India in German Romanticism. Durham (North Carolina) 1964

a) Zum Begriff der Romantik

LOVEJOY, ARTHUR O.: Schiller and the Genesis of German Romanticism. In: MLN 35 (1920), S. 1 f, 136 f – Nachdruck in: Essays in the History of Ideas. Baltimore 1948
LOVEJOY, ARTHUR O.: On the Discrimination of Romanticism. In: PMLA 29 (1924), S. 229 f – Nachdruck in: Essays in the History of Ideas. Baltimore 1948
LOVEJOY, ARTHUR O.: The Meaning of Romanticism for the Historian of Ideas. In: Journal of the History of Ideas 2 (1941) [Vgl. auch die Diskussion mit L. Spitzer im 5. Heft]
SCHULTZ, F.: Romantik und romantisch. In: DVJ 2 (1924)
ULLMANN, RICHARD, und HELENE GOTTHARD: Geschichte des Begriffs «Romantisch» in Deutschland. Berlin 1927
BALDENSPERGER, FERNAND: «Romantique», ses analogues et ses équivalents. In: Harvard Studies and Notes in Philology and Literature 19 (1937), S. 13 f
IMMERWAHR, RAYMOND: Contexts and Connotations of the Word «Romantic» at the Dawn of the Romantic Movement. Actes du 8me Congrès de la Fédération Internationale des Langues et Littératures Modernes. Liège 1962. S. 350 f
WELLEK, RENÉ: The Concept of Romanticism in Literary History. In: Concepts of Criticism. New Haven–London 1963. S. 128 f
WELLEK, RENÉ: Romanticism Re-examined. In: Concepts of Criticism. New Haven–London 1963. S. 199 f
KAHN, ROBERT L.: Some Recent Definitions of German Romanticism. In: Rice University Studies 50 (1964), S. 3 f

b) Zum Begriff der Ironie

BRÜGGEMANN, FRITZ: Die Ironie als entwicklungsgeschichtliches Element. Jena 1909

Ernst, Fritz: Die romantische Ironie. Zürich 1915
Friedemann, Käte: Die romantische Ironie. In: Zeitschrift für Ästhetik 13, S. 220 f
Jancke, Rudolf: Das Wesen der Ironie. München 1929
Lussky, A. E.: Tieck's Romantic Irony. Chapel Hill (North Carolina) 1932
Jankélévitch, Victor: L'Ironie ou la bonne consience. Paris 1936
Walzel, Oskar: Methode? Ironie bei F. Schlegel und bei Solger. In: Helicon 1 (1938), S. 33 f
Immerwahr, Raymond: The Subjectivity or Objectivity of Friedrich Schlegel's Poetic Irony. In: The Germanic Review 26 (1951), S. 173 f
Allemann, Beda: Ironie und Dichtung. Pfullingen 1956
Steiner, J.: Äther der Fröhlichkeit. In: Orbis litterarum 18 (1958), S. 64 f
Strohschneider-Kohrs, Ingrid: Die romantische Ironie in Theorie und Gestaltung. 1960
Behler, Ernst: Friedrich Schlegel und Hegel. In: Hegel-Studien 2 (1963), S. 203 f

14. Auswahl aus Zeitschriftenartikeln (seit dem Zweiten Weltkrieg)

Die Einleitungen zu den bereits erschienenen Bänden der kritischen Friedrich Schlegel Ausgabe enthalten z. T. ausführliche Darstellungen einzelner Themen aus dem Werk Friedrich Schlegels (zur Literaturgeschichte: Bd. VI, XI; zu den kunsttheoretischen Studien: Bd. IV; zur Entstehungsgeschichte des Dichtwerks: Bd. V; zur Geschichte u. Politik: Bd. VII u. XIV; zur philosophischen Entwicklung: Bd. XII, XIII u. XVIII).

Anstett, Jean-Jacques: Lucinde. Eine Reflexion. Essay d'interprétation. In: Etudes Germaniques, 3. Jg. 1948
Körner, Josef: Marginalien. Kritische Beiträge zur geistesgeschichtlichen Forschung. Frankfurt a. M. 1950
Curtius, Ernst Robert: Friedrich Schlegel und Frankreich. In: Curtius, Kritische Essays zur europäischen Literatur. Bern 1950. S. 78 f [Umgearbeiteter Neudruck eines Artikels von 1932]
Reboul, Pierre: Friedrich Schlegel à Paris. Projet d'y constituer une Académie Allemande. In: Revue des sciences humaines 1952, S. 27 f
Eichner, Hans: The Supposed Influence of Schiller's Über naive und sentimentalische Dichtung on Friedrich Schlegel's Über das Studium der griechischen Poesie. In: The Germanic Review XXX, S. 260 f
Lange, Victor: Friedrich Schlegel's Literary Criticism. In: Comparative Literature 7 (1955), S. 289 f
Dieckmann, Liselotte: The Metaphor of Hieroglyphics in German Romanticism. In: Comparative Literature 7 (1955), S. 306 f
Behler, Ernst: Der Wendepunkt Friedrich Schlegels. In: Philos. Jbb. 63. Jgg. S. 245 f
Eichner, Hans: Friedrich Schlegel's Theory of Romantic Poetry. In: PMLA 71 (1956), S. 1018 f

Behler, Ernst: Friedrich Schlegels Theorie der Universalpoesie. In: Jbb. der dt. Schillergesellschaft I (1957), S. 211 f

Immerwahr, Raymond: Friedrich Schlegel's Essay «On Goethe's Meister». In: Monatshefte. A Journal Devoted to the Study of German Language and Literature 1957, S. 1 f

Flasche, Hans: Friedrich Schlegel und die Romania. In: DVJ 1958, S. 417 f

Brinkmann, Richard: Romantische Dichtungstheorie in Friedrich Schlegels Frühschriften und Schillers Begriffe des Naiven und Sentimentalischen. In: DVJ 32 (1958), S. 344 f

Dieckmann, Liselotte: Friedrich Schlegel and Romantic Concepts of the Symbol. In: The Germanic Review 1959, S. 276 f

Behler, Ernst: Die Kulturphilosophie Friedrich Schlegels. In: Zeitschrift für philosophische Forschung 14, S. 68 f

Klin, Eugeniusz: Ursprung und Entwicklungsgang der frühromantischen Literaturtheorie Fr. Schlegels. In: Zesyty Naukowe Uniwersytetu Wroclawskiego – Germanica Wratislaviensia III (1959), S. 137 f

Klin, Eugeniusz: Fr. Schlegels frühromantische Theorie der modernen Literatur. Ebd. IV (1960), S. 77 f

Ichiro Yasuda (die folgenden Artikel sind auf japanisch erschienen, Titel u. Erscheinungsort werden in dt. Übersetzung angegeben):

Friedrich Schlegels Theorie der Literatur. In: Studium der fremden Literatur, Nr. IV (1957) [Herausgegeben von der Universität Hiroshima.]

Über Friedrich Schlegels Literaturtheorie. In: Studium der fremden Literatur, Nr. VI (1959)

Über die Anfänge der Romantik. In: Die deutsche Literatur: Doitsu Bungaku. Herausgegeben von der Japanischen Gesellschaft für Germanistik. 1960

Versuch über die Lucinde. In: Studium der fremden Literatur, Nr. VIII (1961)

Schleiermachers Aufnahme der Lucinde. In: Die deutsche Literatur: Doitsu Bungaku, Nr. XXIX (1962)

Friedrich Schlegel und Novalis. In: Studium der fremden Literatur, Nr. X (1963)

Behler, Ernst: Zur Theologie der Romantik. Das Gottesproblem in der Spätphilosophie Friedrich Schlegels. In: Hochland 52 (1960), S. 339 f

Hofe, Harold von: Friedrich Schlegel and the New World. In: PMLA 76 (1961), S. 63 f

Polheim, Karl Konrad: Studien zu Friedrich Schlegels poetischen Begriffen. In: DVJ 35 (1961), S. 363 f

Anstett, Jean-Jacques: Fr. Schlegels «Hieroglyphenlied». In: Stoffe, Formen, Strukturen. Studien zur deutschen Literatur. 1963. S. 303 f

Bauke, Joseph P.: Christian Gottfried Körner und Friedrich Schlegel. In: Jbb. der dt. Schillergesellchaft VII (1963), S. 17 f

Klin, Eugeniusz: Das Problem der Emanzipation in Friedrich Schlegels Lucinde. In: Weimarer Beiträge. Zeitschrift für deutsche Literaturkritik 1963, S. 76 f

NAMENREGISTER

Die kursiv gesetzten Zahlen bezeichnen die Abbildungen

QUELLENNACHWEIS DER ABBILDUNGEN

Die Ziffern bezeichnen die Buchseiten

Goethe- und Schiller-Archiv, Weimar: Frontispiz, Kloster St. Bonifaz, München: Umschlag-Vorderseite / Aus: O. Brandt, A. W. Schlegel, Der Romantiker und die Politik: 8 / Archiv für Kunst und Geschichte, Berlin: 10, 31, 45, 90, 127, 134 links / Historisches Bildarchiv, Bad Berneck: 11, 23, 35, 52 unten, 56, 63, 65, 109, 120, 134 rechts, 135, 142 links und rechts, 143 links, 145, 157, 160 / Sammlung Ernst Behler: Umschlag-Rückseite, 17, 18, 26, 59, 61, 67, 70, 72, 75, 76, 86, 99, 106, 112, 119, 125, 132, 136, 139, 141, 146, 147, 148, 151, 152, 158 / Historia-Photo, Bad Sachsa: 21, 38, 40, 41, 52 oben, 53, 85, 95, 123, 144 / Stadtbibliothek, Trier: 32 / Schiller-National-Museum, Marbach: 48, 49 / Ullstein-Bilderdienst, Berlin: 50, 64, 80, 143 rechts, 156 / Rheinisches Bildarchiv, Köln: 91 / E. Gropp, Köln: 97 / Musée d'Art et Histoire, Genf: 105 / Haus-, Hof- und Staatsarchiv, Wien: 111, 122 / Universitätsbibliothek Wien, Wien: 113 / Goethe-Museum, Frankfurt am Main: 115 / Städtische Gemäldesammlung, Mainz: 116 / Freies Deutsches Hochstift, Goethe-Museum, Frankfurt am Main: 128 / Wiener Stadtmuseum, Wien: 133 / Seminar Abt. B der Universität Bonn: 153 / Philosophisches Dekanat der Universität Bonn: 154 / Ruth Schramm: 158 unten.

Friedrich Burschell
FRIEDRICH SCHILLER [14]

Jean Paris
WILLIAM SHAKESPEARE [2]

Hermann Stresau
GEORGE BERNARD SHAW [59]

Urban Roedl
ADALBERT STIFTER [86]

Atos Wirtanen
AUGUST STRINDBERG [67]

Fritz Heinle
LUDWIG THOMA [80]

Otto Basil
GEORG TRAKL [106]

Klaus-Peter Schulz
KURT TUCHOLSKY [31]

Gay Wilson Allen
WALT WHITMAN [66]

Herbert Joseph Muller
THOMAS WOLFE [46]

PHILOSOPHIE

J.-M. Zemb
ARISTOTELES [63]

Rainer Specht
RENÉ DESCARTES [117]

Franz Wiedmann
GEORG WILHELM FRIEDRICH HEGEL [110]

Uwe Schultz
IMMANUEL KANT [101]

Peter P. Rohde
SÖREN KIERKEGAARD [28]

Edmond Barincou
NICCOLÒ MACHIAVELLI [17]

Werner Blumenberg
KARL MARX [76]

Francis Jeanson
MICHEL DE MONTAIGNE [21]

Ivo Frenzel
FRIEDRICH NIETZSCHE [115]

Albert Beguin
BLAISE PASCAL [26]

Johannes Hemleben
RUDOLF STEINER [79]

RELIGION

Henri Marrou
AUGUSTINUS [8]

Maurice Percheron
BUDDHA [12]

Ivan Gobry
FRANZ VON ASSISI [16]

Alain Guillermou
IGNATIUS VON LOYOLA [74]

Hanns Lilje
MARTIN LUTHER [98]

André Neher
MOSES [94]

Claude Tresmontant
PAULUS [23]

Solange Lemaitre
RAMAKRISCHNA [60]

Johannes Hemleben
PIERRE TEILHARD DE CHARDIN [116]

Erich Beyreuther
NIKOLAUS LUDWIG VON ZINZENDORF [105]

GESCHICHTE

Wilhelm Mommsen
OTTO VON BISMARCK [122]

André Maurois
NAPOLEON [112]

NATURWISSENSCHAFT

Johannes Hemleben
ERNST HAECKEL [99]

KUNST

Kurt Leonhard
PAUL CÉZANNE [114]

Carola Giedion-Welcker
PAUL KLEE [52]

MUSIK

Luc-André Marcel
JOHANN SEBASTIAN BACH [83]

Everett Helm
BÉLA BARTÓK [107]

Fritz Zobeley
LUDWIG VAN BEETHOVEN [103]

Camille Bourniquel
FRÉDÉRIC CHOPIN [25]

Jean Barraqué
CLAUDE DEBUSSY [92]

Richard Friedenthal
GEORG FRIEDRICH HÄNDEL [36]

Pierre Barbaud
JOSEPH HAYDN [49]

Aloys Greither
WOLFGANG AMADÉ MOZART [77]

Vladimir Jankélévitch
MAURICE RAVEL [13]

Marcel Schneider
FRANZ SCHUBERT [19]

André Boucourechliev
ROBERT SCHUMANN [6]

Hans Kühner
GIUSEPPE VERDI [64]

Hans Mayer
RICHARD WAGNER [29]

PINTHUS, KURT Menschheitsdämmerung / Ein Dokument des Expressionismus [55/56]

SCHILLER, FRIEDRICH Don Carlos, Infant von Spanien / Briefe über Don Carlos / Dokumente [72/73] – Wallensteins Lager / Die Piccolomini / Wallensteins Tod / Dokumente [84/85] – Die Räuber / Vorreden / Selbstbesprechung / Textvarianten / Dokumente [177/178]

STIFTER, ADALBERT Der Hochwald / Der Waldsteig [126]

Englische Literatur

DEFOE, DANIEL Glück und Unglück der berüchtigten Moll Flanders [45/46]

DICKENS, CHARLES Oliver Twist [157/158/159]

SHAKESPEARE, WILLIAM Werke / Englisch und Deutsch: Romeo und Julia [4] – Hamlet / Prinz von Dänemark [19] – Macbeth [36] – Ein Sommernachtstraum [48] – Julius Caesar [57] – Der Kaufmann von Venedig [63] – König Lear [70] – Othello [90] – Der Sturm [103] – Antonius und Cleopatra [117] – Wie es euch gefällt [125] – Der Widerspenstigen Zähmung [133] – Maß für Maß [160] – Das Wintermärchen [174] – Troilus und Cressida [192/193] – König Heinrich IV., 1. und 2. Teil [198/199/200]

Französische Literatur

BAUDELAIRE, CHARLES Die künstlichen Paradiese [161]

FLAUBERT, GUSTAVE Lehrjahre des Gefühls [49/50]

FRANCE, ANATOLE Die rote Lilie [153/154]

LAFAYETTE, MADAME DE Die Prinzessin von Cleve – Die Prinzessin von Montpensier [28]

LE SAGE Die Geschichte des Gil Blas von Santillana [127/128/129]

MOLIÈRE Der Geizige / Französisch und Deutsch [104] – Der eingebildete Kranke / Französisch und Deutsch [110]

PRÉVOST, ABBÉ Geschichte des Chevalier des Grieux und der Manon Lescaut [86]

RIMBAUD, ARTHUR Briefe / Dokumente [155/156]

VIGNY, ALFRED DE Glanz und Elend des Militärs [3]

Griechische Literatur und Philosophie

ARISTOTELES Politik [171/172/173] – Metaphysik [205/208]

GRIECHISCHE LYRIK Von den Anfängen bis zu Pindar / Griechisch und Deutsch [140/141/142]

HELIODOR Anthiopika – Die Abenteuer der schönen Chariklea / Ein griechischer Liebesroman [120/121]

HIPPOKRATES Schriften / Die Anfänge der abendländischen Medizin [108/109]

HOMER Die Odyssee / Übersetzt in deutsche Prosa von Wolfgang Schadewaldt [29/30]

MARC AUREL Wege zu sich selbst [181]

PLATON Sämtliche Werke / Herausgegeben von Walter F. Otto, Ernesto Grassi, Gert Plamböck – Band I: Apologie, Kriton, Protagoras, Ion, Hippias II, Charmides, Laches, Euthyphron, Gorgias, Briefe [1/1a] – Band II: Menon, Hippias I, Euthydemos, Menexenos, Kratylos, Lysis, Symposion [14] – Band III: Phaidon, Politeia [27/27a] – Band IV: Phaidros, Parmenides, Theaitetos, Sophistes [39/39a] – Band V: Politikos, Philebos, Timaios, Kritias [47/47a] – Band VI: Nomoi [54/54a]

THUKYDIDES Geschichte des Peloponnesischen Krieges [100/101/102]

VORSOKRATIKER, Die Fragmente der, von Hermann Diels [10]

XENOPHON Das Gastmahl [7]

Italienische Literatur und Philosophie

BRUNO, GIORDANO Heroische Leidenschaften und individuelles Leben [16]

CASANOVA, GIACOMO Memoiren [59/60, 65/66]

CELLINI, BENVENUTO – sein Leben von ihm selbst geschrieben / Übersetzt und herausgegeben von Goethe [22/23]

DA PONTE, LORENZO Mein abenteuerliches Leben / Die Memoiren des Mozart-Librettisten [74/75]

FRANZ VON ASSISI Die Werke / Sonnengesang, Testament, Ordensregeln, Briefe / Die Blümlein [34]

GOLDONI, CARLO Herren im Haus – Viel Lärm in Chiozzo / Zwei Komödien [132]

LEONARDO DA VINCI Philosophische Tagebücher / Italienisch und Deutsch [25]